贵州省出版发展专项资金资助

贵州世居民族文化书系

宋健　主编

仫佬行歌

MULAO XINGGE

陈正军　陈延松　著

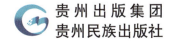

贵州出版集团
贵州民族出版社

图书在版编目（CIP）数据

仫佬行歌：仫佬族 / 陈正军，陈延松著 . -- 贵阳 ：
贵州民族出版社，2014.6（2020.7 重印）
（贵州世居民族文化书系 / 宋健主编）
ISBN 978-7-5412-2119-4

Ⅰ . ①仫… Ⅱ . ①陈… ②陈… Ⅲ . ①仫佬族－民族
文化－贵州省 Ⅳ . ① K287.5

中国版本图书馆 CIP 数据核字（2014）第 066223 号

贵州世居民族文化书系
仫佬行歌·仫佬族
宋　健　主编　陈正军　陈延松　著

出版发行	贵州民族出版社	
社址邮编	贵阳市观山湖区会展东路贵州出版集团大楼	550081
印　　刷	山东龙岳文化传媒有限公司	
开　　本	787mm×1092mm　　1/16	
字　　数	170 千字	
印　　张	10.5	
版　　次	2014 年 6 月第 1 版	
印　　次	2020 年 7 月第 2 次	
书　　号	ISBN 978-7-5412-2119-4	
定　　价	34.00 元	

贵州世居民族文化书系
编 委 会

贵州仫佬族分布示意图

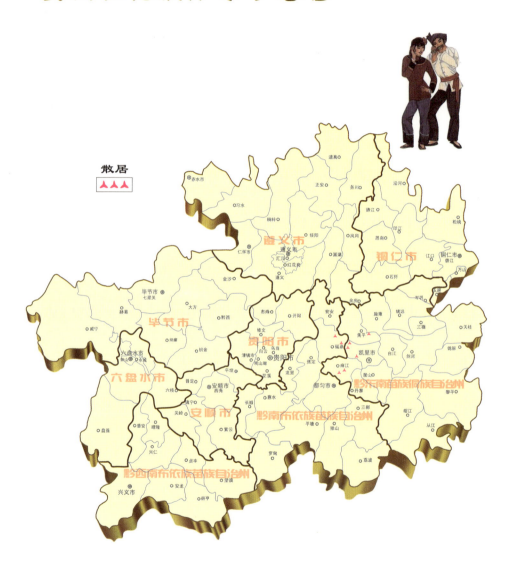

散居

▲ ▲ ▲

赤水市
习水
遵义市
桐梓
绥阳
仁怀市
湄潭
湄潭
凤冈
思南
印江
松桃
铜仁市
江口
万山
万山
毕节市
七星关
大方
黔西
开阳
瓮安
石阡
石阡
镇远
天柱
赫章
威宁
纳雍
织金
息烽
修文
白云
乌当
龙里
贵定
都匀市
丹寨
凯里市
麻江
雷山
台江
剑河
锦屏
黎平
六盘水市
钟山
水城
六枝
普定
安顺市
西秀
平坝
清镇市
花溪
平塘
独山
三都
榕江
从江
荔波
黔南布依族苗族自治州
黔东南苗族侗族自治州
盘县
普安
晴隆
关岭
镇宁
长顺
惠水
罗甸
兴仁
贞丰
望谟
安龙
册亨
兴义市
黔西南布依族苗族自治州
安顺市
铜仁市
遵义市
贵阳市
毕节市

多彩高原的民族共存

——《贵州世居民族文化书系》总序

　　多彩的贵州，神奇的高原。对于初次来到祖国大西南贵州省的人来说，触动心灵的不仅是苍山如海、溪河清澈、森林碧绿、峡谷幽深，更有那不同民族同胞悠扬的山歌和异彩的服饰。在这个有17.6万平方公里面积和600年建省历史的省份，数不尽的青山翠谷中生活着18个世居民族，他们从哪里来？世世代代如何与周围环境共处？以怎样的生活方式和民族风情为世界增光添彩？让读者朋友在轻松的阅读中了解这一切，就是我们出版这套《贵州世居民族文化书系》的目的。

　　贵州是一个多民族的省份，少数民族人口约占全省总人口的38%，全国56个民族成分贵州都有分布，而称得上"世居民族"的则有汉族、苗族、布依族、侗族、土家族、彝族、仡佬族、水族、回族、白族、瑶族、壮族、畲族、毛南族、仫佬族、满族、蒙古族、羌族等18个兄弟民族。从历史和民族源流看，除来自北方的回族、蒙古族、满族外，汉族属古代的华夏族系，其他各族分属古代的氐羌、苗瑶、百越、百濮四大族系。从地理位置看，贵州位于云贵高原东部，处于四川盆地和广西、湖南丘陵之间，是由高原向平原和丘陵过渡的地带。这种特殊的地理位置，使贵州历史上成为南方四大族系的交汇之地，成为民族迁徙的大走廊。在漫长的历史长河中，不同民族的融合，不同文化的相互影响，以及战争带来的多次大规

模移民的进入，形成今天贵州多民族共存共荣的社会。

民族文化，指各民族在历史发展中创造的带有民族特点的文化，包含物质和精神两个方面。存在决定意识，由于贵州地处生态环境较为脆弱的喀斯特地貌带，各族群众敬畏自然，珍惜上天赋予的生活资源，注重生产方式与自然生态的和谐平衡，有着享誉世界的农业文化遗产"稻鱼鸭系统"，与草木"认干亲"的林业等生产方式和生活形态，无不彰显人与自然的和谐共处。

贵州历史上"连峰际天兮飞鸟不通"（王阳明《瘗旅文》）的交通困局，形成了十里不同风，百里不同俗的"文化千岛"，民族风情古朴浓郁，多姿多彩，如苗族的姊妹节、芦笙舞，布依族的八音坐唱，侗族的行歌坐月、侗族大歌，彝族的火把节，土家族的摆手舞等。而600多年前明王朝对贵州的大规模开发，江南的百万汉族移民以屯军、屯民的方式来到贵州，形成数百年的屯堡文化，至今成为明代文化遗存的奇迹。可以说，正是青山绿水与多民族的和谐共存构成了今天多彩的贵州。

我们这套书以大专家写小丛书为特点，以轻松阅读获取知识为目标，以直观图像结合想象力发挥为手段，采取宏观叙述与田野案例穿插叙事的方法，力图写成民族历史文化的故事书，内容虽然通俗易懂，生动有趣，但都是以坚实的学术研究为基础的，能够让读者在愉快的阅读和浏览中获取正确的知识。

"黔山秀水，神秘夜郎；多彩民族，千岛文化。"这是书系力图展示的贵州形象。愿书系成为我们大家了解贵州、欣赏贵州、热爱贵州的一个窗口。

《贵州世居民族文化书系》编委会

目录

Contents

1 / 引 言

3 / 清水江畔的回忆

3/ 向着太阳，沿江而来
8/ 从"濮僚"到"仫佬"
16/ 先民的迁徙之路
33/ "文罗金王黎"五大姓氏
36/ 小而稳定的家庭结构
39/ 即将消逝的乡音

43 / 一方水土一方人

43/ 邦水坝子鱼米乡
45/ 仫佬大寨基东村
49/ 鬼斧神工造平良
56/ 下司古镇产业兴
61/ 清新古朴复兴村
65/ 龙里龙舟奔小康

69 / 每一年的这一天

69/ 十月，欢喜来过年
76/ 撵社节里对歌忙
82/ 来之不易的认定节
84/ 以牛为伴，视牛为友

89 / 人生的喜悲"礼程"

89/ 认姓开亲
91/ "还娘头"与"不落夫家"
93/ "三回九转"定姻缘
95/ 新婚之夜歌声长

97/ 去世"击牙"安心走
98/ 净身开路送亡灵
99/ 墓地风水佑子孙

101 / 十里百里皆随俗

101/ 一首花歌一片情
112/ 敲起花棍舞起来
114/ 龙凤花草身上穿
117/ 撒粑送梁盖新房
120/ 生命中的精神家园
122/ 日常生活禁忌多

123 / 木佬公摆古

123/ 拉着两劫匪跳崖的英雄
125/ 姨佬比阔
126/ 传奇人物——罗朝虎
127/ 人不求人一般大
129/ 代代出解匠
130/ 老麦公的故事
132/ 哑巴王的故事
134/ 三多打老变妈
136/ 龙角踩桥的故事

137 / 山与石的传说

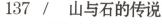

137/ 雷打岩的故事
139/ 张家田成罗家田
140/ 玉屏山上的石鼓
141/ 牛鼻子渠道
143/ 背磨田的来历
144/ 石龙与石宝
145/ 璧玉山的来历
148/ 神仙石的传说
151/ 花嬢洞的故事
152/ "老太抱娃娃"石像的来历

156 / 参考书目

157 / 后记

引言

　　沿清水江畔行走，与仫佬族群众一起过仫佬年，在热闹的"花米饭节"上品尝清香的糯米饭，聆听仫佬族悠扬的民歌，看传统的"牛舞"，听木佬公摆古，尽情领略仫佬族能歌善舞的风情与特色的民俗，是多么惬意的事。

　　贵州仫佬族主要分布在贵州黔东南苗族侗族自治州的麻江县、凯里市和黄平县以及黔南布依族苗族自治州的都匀市、福泉市和瓮安县、贵定县等地，人口大约有 3 万人。仫佬族原来称为"木佬人"，1993 年，经贵州省人民政府批准，贵州"木佬人"认定为仫佬族，其民族成分得以最终确定。

　　贵州仫佬族是《国务院关于进一步促进贵州经济社会又好又快发展的若干意见》（国发【2012】2 号）中明确"支持民族地区跨越发展，加大毛南族、仫佬族人口较少民族扶贫开发力度"的两个民族之一。同时，贵州省和黔东南苗族侗族自治州等各级政府相应制定了一批重要文件，以促进仫佬族经济社会和文化的繁荣发展，仫佬族地区迎来了加快经济社会发展的良好机遇。本书的出版，使仫佬族获得了又一次彰显民族文化魅力的机会。

　　贵州仫佬族具有悠久的历史和丰富多彩的传统文化。仫佬族每年十月第一个兔日过仫佬年，每年春天跳屯、撵社，有打牙折齿、做保家、动土、用母猪祭祖、狗开路等习俗。仫佬族自古以来都有自己独立的语言系统和文化特征，有自己的经济生活方式和独特的风俗习惯。随着贵州现代化建设步伐的加快，仫佬族的一些风俗习惯逐渐消失，现在我们研究整理贵州仫佬族的历史和文化资源，从某些方面来说，其意义是不可估量的。

　　贵州仫佬族文化孕育于高山深谷之中，处于历史与现代之边缘，有着浓厚的历史沉淀和多元一体、趋近主流的特点，始终保持人与社会、人与自然的和谐。今天，我们将一起走入仫佬族的文化版图，共享神奇之旅。

清水江畔的回忆

QINGSHUIJIANGPAN

DEHUIYI

● 向着太阳，沿江而来 ●

关于仫佬族的起源主要有两个传说。

第一个传说。在很久以前的一个秋后阴雨绵绵的夜晚，在今贵州、云南和广西三省（区）交界红水河边的一株大芭蕉树下，部族的长老召集各房头领碰头。一个刚去南边集市赶场回来的后生要把集市赶场时的见闻告诉大家。他听几个外地人讲，沿河上边的坝子大，好种庄稼，过几天要上来看一看，如果可以的话，准备安排几家人搬上来开垦田地住下来。因为他们那里人太多土地又少，饭不够吃。另一个后生抢着说："在太阳落山的那边，我们几个年轻人在砍柴时看到河的上游也来了许多其他地方的人，他们看起来蛮凶的样子，如果发现我们这边地方好的话，一定会来跟我们争的。"

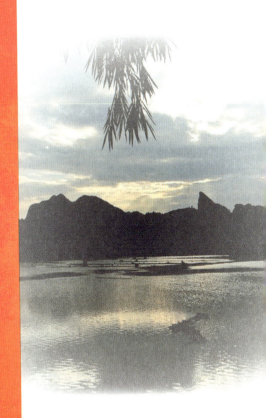

　　被长老召集来的各房头领，顾不得天上下着的毛毛细雨和秋后的寒冷，有的站着，有的直接坐到地上，七嘴八舌地议论开了。召集大家来商量开会的长老一边听取大家的意见，一边不停地抽着他那又长又粗的水烟竹筒。他是部族的长老，是族内事务的最高决策者，是族中最有威望、一言九鼎的当家人，当然要由他来深思熟虑作出判断和决策。此时此刻，他盘算着，如果坚守故土，势必会和外族人发生抢夺地盘的争斗，自己会有多少胜算？如果要保存人丁，避免争斗，那就要离开故土寻找新的生活空间，是留是走？如果必须要走的话，要往哪儿走呢？他陷入了深深的思考，一时半会儿也难以决断，他宣布：今天晚上大家先回去休息，明天继续来商量此事。

　　长老躺在床上一夜未眠，是啊，他怎么能睡得着呢？他想到部族前后几百年，既想到了祖先又想到了子孙后代，他要对祖宗有交代，要对子孙后代负责。他仔细回忆周边每次部族冲突的原因、过程、结果，很快得出一个清晰的结论，那就是不管冲突的原因何在，过程是怎么样，其结果无不以部族人丁多寡和实力强弱来决定。有了这个清醒的认识

红水河风光

之后，他把直接属于他的人马及能够调动的其他部族人员加起来，然后和外族的人马进行对比，他发现怎么算都没有对方的人多。

天快亮时，他咬着牙对老伴说出一句话："哪堆黄土不埋人？三十六计，走为上策。"早上起来，他顾不得洗脸，就走出家门，把昨天晚上那拨人召集到一起，宣布他的重要决定并商量出走的方向和目标。族人一致赞同和拥护长老的判断与决定，去寻找新的家园。

仫佬族简介

仫佬族有216 257人（2010年），主要分布在广西壮族自治区和贵州省的麻江、凯里、黄平、都匀、福泉等县、市。贵州仫佬族约有3万人。仫佬族聚居区多属喀斯特地貌，山峦起伏，奇峰耸立。

有人建议，那些外族人已经占了红水河的下游和太阳落山的西边，那太阳出来的东边就该是我们的了，我们就往东面走，一定大吉大利。长老接受了他的提议，宣布让大家回去做好准备，过几天就朝着太阳出来的东边走。

几天后的一个早晨，在长老的率领下，年轻人搀扶着年迈的老人，背上背着嗷嗷待哺的婴儿，牵着牛，挑着谷米，大家以十分缓慢的速度向东移动。大约走了半个月，队伍中许多人觉得疲惫了，要求就此开荒种地，安营扎寨。于是，这支浩浩荡荡的迁徙大军就沿路排开，在牂牁郡的山水间住了下来。在牂牁，外族人把他们叫做"姆佬"。

第二个传说。"木佬人"的先民——"姆佬人"在牂牁"筚路蓝缕，以启山林"，开垦良田，安居乐业。历经多年，人口得到大规模发展，主要居住在乐安（现罗甸）、婆览（现平塘、独山、三都一带）、宾化（现福泉）、石城（现广西凌云北）、多乐（现贵定东南）、邦水（现都匀西）的山谷、河流与平坝之间。

住在都匀邦水的罗氏经过几代人的努力，已经发展为几大房。罗铁匠从上辈继承了邦水坝子一丘好田，三个儿子各有产业。大儿子和三儿子在家门口搭篷开了一个铁匠铺，以打铁为生，邦水周边方圆几十里所用的镰刀、锄头、斧头、锤子等劳动工具就数罗氏铁匠铺的好用，钢火好，轻便，耐用，价钱公道，很受欢迎，每逢邦水赶场，到罗氏铁匠铺买铁器的乡民络绎不绝。二儿子和老伴一起经营那丘肥田，一条小河从田边经过，

螺丝壳

水源保障，旱涝保收。罗铁匠又有一手木工好手艺，立房、打嫁妆（家具）都是一把好手，常年在外帮助乡民们起房造屋，手艺得到大家的一致肯定，年年吃穿不愁，粮仓的谷子和柜中的银子见涨不见跌，日子一年胜过一年。

　　文二公家住在邦水街的正中央，当正街，每天门口过路的人数都数不过来。文二公家又有一个会算账会做生意的内当家，带着儿子和女儿做起了布匹生意。儿子每天到都匀渡船浦接从清水江上来的湖南布匹，然后把货交给妹妹，妹妹负责把布匹卖给来来往往的乡民们。老太太一边协助女儿照顾生意，一边烧茶做饭，为客人端茶送水，打点上下。文二公只管在邦水街上提着一只鸟笼，找人斗鸟、聊天。

　　住在邦水街尾的黎三公，在继承祖上榨油工艺的基础上对油坊进行改造，大大提升了油的品质，并把祖上留下来的老油榨坊加以改建，每天的出油量在以前的日产量基础上翻了一倍多。"黎家老油坊"在邦水远近闻名。

　　岁月如梭，时光流逝。唐末，朝廷为加强对西南地区的统治与管理，决定以邦水为中心设立一个州级机构——邦州。州治的设立，使有一定能力和势力的望族人士想办法找机会进入邦水。

在一个"木佬"先民欢聚过年的晚上，大家喝了一些米酒，聊起了一个话题：官府已经抓了王司那边的好多老百姓去坐牢，还杀了一些人，我们不能在这里住下去了。如果我们不走，官府的人不知会怎样对待我们。这时，有几个跑过湖南到过洪江的年轻人说，顺河而下，有个地方比我们这里好多了，干脆我们到那边去吧！

就这样，经过准备，带着家眷，把所有家产变卖成银两，在一天清晨，一支操着木佬语的老老少少集中到都匀渡船浦登船，去寻找他们理想中的世外桃源去了。沿着清水江，顺流而下，两岸风光宜人，他们每每发现沿江两岸适宜于安家落户的地方，便停船驻足查勘，决定是否可以留一支人在此开辟家园。就这样，一路走，一路安置，便有了后来清水江边、㵲阳河畔的"木佬"居民定居点。而没有船和不愿意走水路的其他同胞，就肩挑马驮翻山越岭往前走。当开路先锋向长老报告说，前边是其他部族的地盘不能再走了的时候，部族长老决定，就此分散居住。于是他们就在靠山临河的坝子边住下来，一晃几百年的时间就过去了。

● 邦水司全景

● 大风洞乡有耳寨

● 下司镇龙里村

● 从"濮僚"到"仫佬" ●

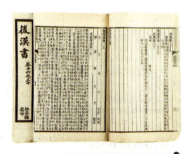

《后汉书》书影

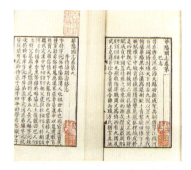

《华阳国志》书影

《隋书》书影

在浩如烟海的历史古籍中，细细爬梳，令人惊喜地发现了许多关于仫佬族历史的记载。东晋《华阳国志·南中志·牂牁郡》记载，至战国以后，楚西南的濮，散居在夜郎牂牁一带。唐代《隋书·地理志》说："自交趾至会稽七八千里，百粤杂处，各有种姓。"而《隋书·南蛮传》则说："南蛮杂类，与华人错居，曰蜒、曰儴、曰俚、曰僚、曰笆，俱无君长，随山洞而居，古老所谓百越地也。"

民族学研究成果说明：汉、晋时期出自"百越"系统的"濮"、"僚"、"鸠僚"，至唐宋的南诏、大理时期，一部分分化组合成为"金齿"、"茫蛮"、"白衣"（包括今傣族先民），另一部分则仍然保留着古老的族名称呼——"僚"。"僚"的分布集中在今天的云南省红河哈尼族彝族自治州南部、文山壮族苗族自治州，以及广西、贵州和四川一带。这些支系林立、种姓繁多的"越人"体系，历史上既有称为"百越"的时候，有称为"百濮"的时候，也有称为"濮僚"的时候。我们认为，"濮僚"与今天的"仫佬"不仅仅是音相近，而且有某种承接关系。

实际上，在历史发展的长河中，民族之间互相交往，相互融合，你中有我，我中有你，这是历史发展的必然规律。战国时期，楚顷襄王派其将领庄蹻伐夜郎，灭且兰，又继续西征，这一行动，使其他民族随之进入夜郎及且兰境内。

西汉建元中，以唐蒙为中郎将出使夜郎，加强了夜郎地区与中央王朝之间的联系，从此来往频繁。汉元鼎五年（前112年），汉从桂阳（今湖南郴州）等路出兵攻下了南越，即折兵西北，攻灭夜郎，于元鼎六年（前111年）在夜郎区域设置牂牁郡，辖十七县，其中就包括了仫佬族先民居住的毋敛及且兰在内。到公元前1世纪后期，由于西汉王朝大力经营西南，除句町得以幸存并有一定的发展外，其他各部都先后受到削弱以致灭亡，"濮人"在西南的势力受到了一次重大的打击。王莽篡汉后，为了抬高自己的声望，又对以句町为代表的西南地区"濮人"发动了长达数年的大规模征讨。在这次反对王莽民族压迫歧视的斗争中，"濮人"虽然取得了一定的胜利，但其本身的损失也很大，这是西南"濮人"在发展进程中受到的又一次重大打击。经过两汉以来的多次挫折，在西南各地的"濮人"中，仅剩下黔中谢氏等个别的大姓势力存在，其余均被瓦解。

汉武帝画像

秦汉至魏晋南北朝，包括牂牁谢氏在内的整个西南地区的"濮人"，已被分割为若干彼此互不联系的部分，苗族、瑶族先民从"五溪"地区逐步迁入黔东一带，彝族的先民"氐羌"族群逐步从滇东北迁入黔西一带，北方蜀汉势力向黔中渗透，于是，包括仫佬族先民在内的"濮人"则到了今黔中到黔南一带。从晋代开始，"濮"与"越"相互交融，难以区分，被统治者泛称为"僚"，就在这一时期，发生了"引僚入蜀"的事件，大批"僚人"被迁入四川，

仫佬族妇女传统服饰
（凯里市大风洞一带）

榜河长五间仫佬寨

后来大部分与汉族融合；部分迁于黔西北及黔中地区，隋唐时演变为"葛僚"族群，唐宋时演变为仡佬；部分留在南盘江流域，称为"鸠僚"，后演变为"土僚"，现在云南的部分成为傣族。仫佬族的先民由"濮人"融合"越人"居住在毋敛一带，晋代以后同样属于僚族，在"引僚入蜀"的前后，他们向各族势力较为薄弱的黔中一带迁徙。到唐朝，黔北有汉族，黔东是苗疆腹地，黔南是布依族集中地，黔西是彝族集中地，仫佬族先民迁入了几大族系势力相连又相对较弱的黔中地带。从以上情况分析，应是在唐末，毋敛包括今都匀邦水一带，成为仫佬族先民集中的居住地。

唐代以州或郡辖县。州分为两种，由吏部正式委刺史治理的叫经制州，由各都督府指派当地少数民族首领代理的叫羁縻州。羁縻州大多松散，但已纳入版图，登上册籍，总体上可称为领土、领地。620年，牂牁首领谢龙羽派使臣朝贡，朝廷以其管辖地设置牂州为下州，安排谢龙羽为牂州刺史，封夜郎郡公。621年，改名牁州，随后复名牂州。

开元中降为羁縻州，而分为牂州和洞州两州。其下管三县，建安县在今余庆、瓮安之间；宾化县为今福泉至麻江；新兴县为黄平至凯里。就在这一时期，今都匀之西，邦水地设邦州，作为羁縻州。元代废邦州土司，改立了都云县。史家说当时的都云县城在今都匀靠西，方向肯定是邦水方向，至于是在今邦水，还是今螺丝壳，有待进一步考证，但从地理环境条件来看，邦水的可能性似乎要大一些。

根据宋代《太平寰宇记》的记载，至唐宋时期，"僚人"进一步分为"仡佬"、"木僚"、"羿子"、"㷝人"

《太平寰宇记》书影

等人们共同体。由此看来，仫佬与仡佬在此前有可能是同一氏族或部落所出，贵州仫佬族的形成过程有可能是"越"、"濮"—"濮僚"—"毋敛僚"—"姆僚"—"木僚"—"木佬"—仫佬的历史过程。我们认为，仫佬与仡佬、"土僚"可能有一定亲缘关系，这可从他们在近代都以

凯里市大风洞乡下寨村榜河大寨

宣威镇瓮偿一景

麻江县坝芒乡蒋岗村

麻江县宣威镇瓮袍村

十月为岁首，较早地操习汉语，每年的正月至二月击鼓跳舞为乐过小年，喜种水田，爱用五色布，穿桶裙，衣料尚喜青色，多王、骆（罗）姓，婚丧击牙两颗等习俗和文化特征上表现出来。

从贵州一些县（市）至今一直沿用的"木佬"地名，如木佬寨、木佬山、木佬田、木佬坟、木佬坡、木佬坪、木佬塘等也可以看出仫佬族的分布情况。

在玉屏县的朱家场乡有一个地名叫"木佬田"。平塘县的牙舟乡有一个地名叫"木佬寨"。都匀市洛帮镇瓮桃村有一寨也同样叫"木佬寨"。平塘县的上英乡有"上木佬"和"下木佬"。在习水县的二里乡有一个地名叫"木佬塘"。都匀市的迎恩镇有"木佬坟"，摆忙乡有"木佬冲"。在麻江县贤昌乡有"木佬坝"，该县龙山乡河坝有"木佬寨"。凯里市炉山镇洛棉村有"木佬山"，鸭塘镇有"木佬寨"，旁海镇地午也有"木佬寨"的地名。瓮安县有"木佬坪"。福泉市城关镇有地名叫"木佬坡"。在贵阳市马林布依族苗族乡有"木佬寨"。贵定县的落北河乡有"木佬寨"。龙里县的牛场乡有"木佬坝"和"木佬麻窝"。

此外，还有一些仫佬语命名的地方。如玉屏至铜仁的高等级公路经过一个地方名叫"瓮袍"，麻江县宣威镇基东村的"偿更"、"多松"，凯里市炉山镇的"白腊"，大风洞乡的"重拜"、"都蓬"，麻江县宣威镇的"琅琊"，龙里县湾寨乡的"甲摆"，都匀市甘塘镇的"摆括"，新桥乡的"商腊"等，均系由仫佬语命名。能译成汉语的"木佬"地名有一些，如都匀市洛帮镇的"瓮桃"和麻江县宣威镇的"瓮袍"译成汉语，指的都是"水井"；麻江县宣威镇基东村的"多松"，译成汉语即"姑爹住过的地方"；凯里市大风洞乡的"都蓬"是现在称的名字，另一个名字是"董蹦"，译成汉语即是"枫香树"的意思。

　　从正史记录到"木佬"地名的线索，我们得出的结论是，古代仫佬族居住地比近现代的居住地要宽广得多，东至玉屏，西至独山、长顺、黔西，北可能跨及习水，其中心地在贵州的中南部，都匀、麻江、凯里、黄平、福泉、瓮安一带是其居住中心。

摆仰村风光

● 先民的迁徙之路 ●

　　关于仫佬族外迁的说法有两种，一种是邦水说，另一种是江西说。

　　麻江县龙山乡芭茅寨金姓的一块碑文上写道："……先世由江南苏州迁至江西庐陵。清中叶，又迁都匀邦水司，后迁东乡之马蹄寨，与瓮袍文姓联姻。遂定居焉。今散于芭茅寨、马蹄、塘介、桐木坡……"

　　麻江县下司镇德兴村瓮把朗罗泽本说，德兴文姓祖先由江西迁来，原住都匀大田后坎，后迁下司德兴村瓮把朗。

　　麻江县下司镇大坡村罗文举、罗文奇说，罗姓祖先曾在都匀府邦水司住过，最先是从石绕搬到大坡来的。而石绕的罗启宏、吴老毛也说他们的祖先是从都匀邦水江九迁过来的。

　　麻江县下司镇回龙岩头寨罗姓仫佬族说，祖宗从都匀邦水搬迁过来找田种，已有两百多年的历史了。现已有十辈人。祖公的墓地就在寨子后面的坡上。

宣威镇黄土寨仫佬桥

麻江县碧波乡枧冲吴姓仫佬族讲，相传吴姓原住都匀邦水，为逃避官司迁来这里居住，当时是打芒公、打黑公和打虎公三弟兄一起来此地，后来打黑公搬到龙角寨去了。

麻江县下司镇龙里村文姓仫佬族说，祖宗从都匀邦水蟒山坡迁到此开寨定居，有十四代的历史了。其祖公一个叫文都、一个叫文匀，葬于现在的都匀。文家在都匀开发区渡船浦有房族居住。

麻江县宣威镇琅琊陈姓族谱记载，始祖从都匀骆家田移居至此已有三百多年的历史。

现居凯里市龙场镇虎庄门楼及大风洞乡荣锋村的金姓都说始祖是从邦水搬迁过来的。

麻江县宣威镇基东村文姓、朱姓及该镇瓮袍村文姓仫佬族都说是从都匀邦水搬迁过来的，该村的李姓仫佬族则说他们是从都匀黄土坡搬过来，原在那里还修有祠堂，是那里的古老户。

其中，邦水之地曾经

都匀渡船浦

王桥古墓

云海深处

是仫佬族的大本营，现在的许多仫佬族人也都说是从邦水迁过来的，这种说法有以下根据。

第一，至今有许多仫佬族人仍住在都匀邦水，主要是罗姓，不过从现今来看，只有像邦水班庄等罗家填报仫佬族，许多罗姓都改报布依、汉等民族。但据考，在他们身上其他民族的特征并不明显，无法排除他们的祖先是"木佬人"的可能。

第二，汉史料记载，明清时期在都匀一带居住着仫佬族先民。如明弘治年间修的《贵州图经新志·都匀府》载："都匀诸夷，据险不庭，俗甚凶陋。其曰黑苗、曰仲家、曰木僚者，性皆凶犷，累为边患，弘治癸丑王师讨平，设为郡县。然其余孽犹未尽殄，出没无常。"仫佬族当时是都匀人口居苗、布依之后第三位的少数民族，清光绪年间徐家乾《苗疆闻见录稿》称"都匀府古西南夷地（府境）其依山为险者则木佬夷也"。因"王师讨平"，迁徙而走，至民国时修的《贵州通志》则说"都匀境内，木佬有文姓十余户，居木佬坡，今散于土汉杂处，性质难以分辨"。

其三，现麻江、凯里、黄平、瓮安、福泉等地的仫佬族人，大多

宣威镇琅琊村

数都说他们的祖先是从都匀或邦水迁来，若干姓氏的家谱记载其祖先是从都匀邦水迁来的。

其四，流传于仫佬族民间的"抬头看见蟒山坡，回头望见邦水河，神仙皇帝还在小，失去江山不奈何"及"'木佬'本是贵州人，住在都匀麻哈城，罗家住在邦水寨，黎家住在柏秧坪，一把锄头走天下，开荒恭溪到都蓬"等古歌，既唱出了仫佬族人从邦水迁出的历史，

《苗疆闻见录稿》书影

又唱出了当时的背景和人们的心情，更主要的是从侧面说明了邦水曾是仫佬族人的祖辈家园。

1493 年，仫佬族先民为避祸端远走他乡，但仍然属于在贵州境内的迁居，没有改变其世居民族的属性。

仫佬族江西说是指明洪武朱元璋"江西填湖广"以后，江西移民大量进入贵州，也包括仫佬族祖先。从他们的家谱、碑文及民间传说得到佐证。

事实上，在包括仫佬族在内的贵州居民中，广泛传说始祖从江西迁来，仫佬族中多个房族传说其始祖随朱元璋来到贵州，所以他们的祖籍是江西。为什么有此说法？这种说法正确与否？一切还得从明代的政治形势说起，科学地分析这种说法的可能性。

首先肯定，江西移民说有一定的普遍性。

麻江县宣威镇琅琊村陈氏族谱记载："先辈移居江西吉安府书市巷（诸市巷）。清康熙年间，陈之贵迁入贵州都匀骆家田居住，为入黔始祖，称为一世。"

位于凯里市大风洞乡都兰村岩脚寨背后的老坟，是都兰罗姓、凯里市舟溪镇大中村罗姓、独山县河口罗姓、福

宣威镇黄土寨

五戊春社纪念碑

泉市陆坪镇平寨罗姓共祖的始祖坟，碑文上写"江西元祖罗公凯龙大人墓"，表明他们的始祖是从江西迁来的。

凯里市大风洞乡冠英大寨罗姓说，罗家是从江西诸市巷来到邦水，应在元末明初时期，再从邦水迁移过来的，到大寨已有三十三辈人，约六百年的历史。现在都兰相传九塘共一水，即寨中锅底塘、乌塘、门楼塘、高笋塘、寓屎塘、三角塘、竹叶塘、梨花塘、荒塘。都兰是一个处于河岸边、水源好，不容易受外人侵扰的世外桃源。这说明当时的祖先选择这样的定居地不无道理。

麻江县下司镇龙里村文姓仫佬族说，始祖从江西吉安府迁来都匀邦水蟒山坡，然后迁到龙里开寨定居，已有十四辈人的历史了，大约三百年，应是清朝初叶迁来的。

由黄平县人民政府、崇仁乡人民政府、新华村村民委员会于1992年2月20日共立于黄平县崇仁乡新华村富塘寨和大罗新寨背后攒社坡的"五戊春社纪念碑"的碑文上则追叙说："由自明太祖开辟贵州木佬族始祖由赣入黔……"

黄平县崇仁乡新华村大罗新寨黎盛良先生是后来才从福

鸟瞰黄平县城

泉市兴隆乡迁入此
地的，他说黎家始
祖从江西来到福泉
牛场高楼石板寨，
然后迁到兴隆。

　　黄平县崇仁乡
新华村大罗新寨王
姓仫佬族说，始祖
从江西诸市巷高坎
子王家迁来，先迁
到现福泉市牛场睹
浒，然后才到达此
地。睹浒人曾去江

大风洞乡山间公路

西录过家谱，但找不到，因为江西并没有一个叫诸市巷的地
方。

　　凯里市大风洞乡都兰村有耳寨黎炳文家中的《黎氏家谱》
中记述："木佬人于洪武年间，十八家指挥总入黔，开辟云
贵两省。洪武十二年（1379年）新开麻哈州（今麻江县），
后开都匀府、清平县（今凯里市），又驻扎平越（今福泉市）
牛场坪，蛮匪平息，迁至高楼石板寨。十余年后迁至黄平坪
溪坝。"

　　麻江县宣威镇基东村李琼璜的母亲说："李家原籍是江
西的。当时祖先来时还带了两棵树苗，一棵栽在现在的基东
白狮寨，另一棵栽在凯里的情郎附近。李家在基东定居后，
由于时局动荡，此地只剩下两个老人。其余逃到都匀，后又
陆续迁回，至今已好几辈人了。"

　　凯里市大风洞乡平良罗万光说："听老辈子讲，我们是
由江西临江水高坎子九家桥诸市巷迁来贵州，当时贵州人中
江西人多，是'调南填北'米的，到了贵州就定居都力、都兰，
再没有外迁过。"

　　凯里市大风洞乡都兰村有耳寨罗潢仁说："老辈子由江
西来都匀、独山，后来迁到瓮安木佬坪住，然后又迁到黄平

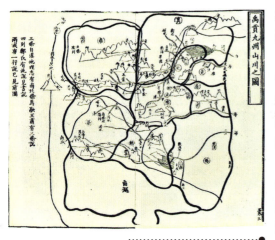

禹贡九州山川之图

坎上（今飞机坝），后来又搬到现在的重摆。"

麻江县下司镇大坡村罗姓仫佬族说："罗姓祖先曾在都匀府邦水司住过，最先从江西到邦水，然后到石绕，最后迁到大坡。"

上述几例归纳起来有以下特点：一是始祖是从江西迁来的，是江西籍贯；二是在明清时期来的；三是听从朝廷的指令而来的；四是多数来到都匀、邦水，再从邦水迁到现在的居住地；五是他们都属仫佬族先民，而江西则没有仫佬族先民，应该是融入贵州当地仫佬族而成为仫佬族的。

要厘清江西说的缘由，需翻阅贵州明清时期的历史典籍。从当时中央王朝的角度来看，贵州实属蛮荒之地。"维我贵州，远在要荒"。"要荒"一词出自我国最早的一部地理著作《禹贡》，其中把中国疆域划分为"五服"，"要服"与"荒服"属于离中央王朝中心最远的蛮荒之区。

翻阅明代朝廷编纂的记述该朝历代皇帝有关贵州言行的《明实录·贵州资料辑录》，明太祖朱元璋可能算中国两千多年封建历史中关注贵州最多的一位皇帝。贵州的思南土司田仁智采取主动，归附了明朝。为此朱元璋传谕"仁智僻处遐荒，世长溪洞，仍能识天命率先来归，可嘉也，俾仍为思南道宣

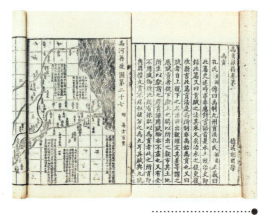

《禹贡》书影

慰使"。不久思州土司田仁厚也来归
附，朱元璋也同法办理。随后又派遣
使者分别赏赐两土司罗、绵、绮、帛、
纱帽等。朱元璋沿用这个办法，安排
了播州、八番、贵州宣慰司、普定府
等土司归附后的职务。在大土司的带
动下，贵州当时尚存的百余名土司、
土目也纷纷归附，迅速稳定了贵州局
势。当然，朱元璋看重贵州，主要是
着眼于控制云南。明朝开国后，元朝
的残余势力梁王仍占据云南，他不肯
投降，还杀了朝廷的使者。朱元璋看
准了平定云南必有一场恶战，所以在
正式讨伐云南之前，对处于"滇之喉"
地位的贵州必然要做一些军事上的布
置和政治上的安抚工作。而和仫佬族
中的江西说直接相关的是明代的军事
屯兵。

《明实录·贵州资料辑录》书影

　　朱元璋于洪武十五年（1382年）
在贵州设立了贵州都指挥使司，作为
全贵州的最高军事指挥机关。又过了
31年，明成祖才决定设立贵州承宣
布政司。又过了7年，即永乐十八年
（1420年），中央才正式派遣了专职
的按察使，使得贵州省行政、军事、
监察"三司"一整套机构配齐，成为
全国十三个省级单位之一，这在全国
是不算晚的。

明太祖朱元璋画像

　　贵州之所以先设军事指挥机关后
建省，是明朝初年对西南地区尤其是
对云南用兵的直接需要。明朝大局既
定之后，朱元璋决定用兵云南，统一

嘉靖年间思南府城图

平定土司所在地，现今平定村

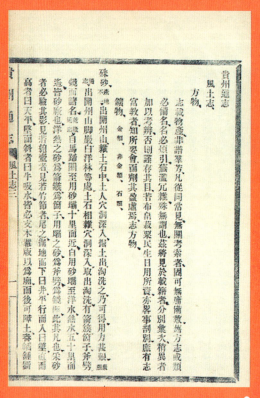

《贵州通志》书影

全国。而用兵云南，无论取道湖广或巴蜀，势必都要路经贵州。所以朱元璋采取了"先安贵州、后取云南"的战略方针。为了确保云南边防的巩固和西南政局的稳定，明初就在贵州普遍设立卫所，以数十万兵力控制各路驿道，确保军事路线畅通无阻。贵州卫所的密度为西南各省之冠，基本上都分布在湖广通云南、四川通云南的驿道上。

明朝在贵州设立屯堡30个卫，据明嘉靖年间修撰的《贵州通志》记载的入黔军户测算，前后有近100万的屯军和随军人口进入贵州。驻"木佬"居住区的有龙里卫（今龙里），其原额兵丁有7388名；新添卫（今贵定），原额兵丁5978名；平越卫（今福泉），原额兵丁有6975名；清平卫（今凯里炉山）兵丁9803名；兴隆卫（今黄平）兵丁8661名；都匀卫兵丁7169名。以上六卫史称"下六卫"，六卫合计驻军达45974人。而明代兵卫之制是，一人在军，阖家同往，无妻者予以婚配，其在军充役者为"正军"，辅理正军料理生活者为"军余"，正军和军余皆注籍军户，世代不改。嘉靖《贵州通志》记载的军户达62273户，261869丁口，分布在驿道沿线，"下六卫"屯军则担负守卫湘黔、黔桂交通的任务。屯堡星罗棋布，形成了许多汉族移民的聚居点，插入少数民族地区，成为明代的军事要塞，也同时客观地成了传播中原文化和发展农业生产的据点，以后则发展成或大或小的政治经济中心。

明代贵州的屯军筑堡给贵州带来的影响是多方面的，如政治、军事、经济以及文化等，但对贵州仫佬族的影响主要体现在民族成分的融合、文化习俗的改变以及农业生产技术的改良几个方面。嘉靖《贵州通志》载的入黔军户兵丁人数在整个明代总计约有 100 万的屯军和随军人口进入贵州，而且在"天启以后，卫所渐弛，屯军大量逃散"。故万历二十五年（1597年）查仅有 26840 名。这一数字说明，从明洪武元年（1368年）到万历二十五年（1597年）这前后 200 多年间，当初的卫所已溃不成军，明代入黔的军士几乎逃尽。

当时的法令规定，逃亡或倒流回乡的军户必须捕拘回卫。逃军走投无路，只好潜入少数民族地区，一部分以同乡关系结合而成为所谓"南京人"等外籍人，另一部分则与少数民族通婚，形成"汉父夷母"或"夷父汉母"的当地人，故仫佬族中的许多家族历史都有"其先祖来自江西"的说法存在。

因为这一历史背景，多数仫佬族家庭在这个时候便有了汉名汉姓，同时又有原来的"父子连名"。在此之前，在贵州的各民族中，许多群体无汉姓汉名，是以氏族为姓氏，或以父子连名来避免计算上的漏误。明清时期，或由皇帝赐姓以褒功绩，或由官府给姓以编户纳粮。从汉文献的记述和凯里市大风洞乡都蓬仫佬族王桥古墓碑记推测，王姓仫佬族应该是在明代产生汉名姓氏的。

明朝中期的嘉靖《贵州通志卷三·风俗》载"旧志：木佬……颇通汉语，衣楮皮，制同汉人。妇人服短衣……"相对于其他少数民族，仫佬族先民在明中期便"颇通汉话"，这是大量汉族屯军兵士融入仫佬族内部直接产生的影响所致，也是仫佬族开放自己、向外发展的一个新变化。

正因为如此，仫佬语消失也较早，以至于今天其语言已基本消失。在穿着方面，明中期便"制同汉人"，本民族的服饰已开始改革，这也主要与明屯军汉人的加入相关。仫佬族土布的工艺相对古老，生产费时，成本较高，质量也不太好，而外地进来的布匹相对便宜和质量较好，美观耐用而自然被人们接受。

另外是生产技术的改良，正如侯绍庄、翁家烈、史继忠合著的《贵

仫佬族妇女传统服饰（麻江县龙山一带）

州古代民族关系史》所说：大批汉人移入，对贵州的社会发展产生了巨大影响，主要表现在以下几个方面。第一，把先进的农业技术带入贵州；第二，大批匠户入黔，矿业和手工业随之兴起；第三，几条驿道通往省外，商品经济不断渗入少数民族地区；第四，城镇兴起，大的屯堡渐成集市；第五，儒学渐兴，于少数民族地区设立义学，风气大开；第六，佛教、道教在贵州传播；第七，少数民族习俗逐渐改变；第八，民族分布状况大为改变。

正是出于这种大的背景，到嘉靖年间，便有了"木佬专以锻铁为生，善造长刀、镖镞"的记载，也有"善制刀"的多处记录，同时在农时季节的掌握、推广良种、兴修水利、牛耕技术等方面都向前跨进一大步。

与仫佬族中的江西说相关的另一个历史事件便是清代的"改土归流"政策。吴三桂在云南、贵州搞封建割据之时，为了拉拢贵州各族的统治者，已改府治派遣流官的地方，都将其地归还原来的土司，因而土司势力又一度抬头，土司制度的弊端和危害却日益暴露出来。出现了"苗傈无追赃抵命之忧，土司无革职削地之罚，直至事大上闻，行贿详结，上司亦不深求，以为镇静，边民无所控诉"（《圣武记》卷七），经济上强化了农奴制的残余，他们向清廷所交的钱币不过一百多两，"而取于下者百倍。一年四小派，三年一大派，小派计钱，大派计两。土司一娶子妇，则土民三载不敢昏（婚）；土民有罪被杀，其亲族尚出垫刀数十金，终身无见天日之期”（《圣武记》卷七）等现象。这些土司，“无事近患腹心”，有事就勾结其他土司，堵塞道路和隘口，拆毁桥梁，杀伤塘兵，劫掠粮运，到处造谣，蛊惑人心，使贵州处于分裂停滞的状态。在康熙年间，要在贵州做一次户口调查都因土司阻挠而无法进行。所以，土司制度严重阻碍了当时社会经济的发展，“改土归流”便是在这一背景下产生的。

“改土归流”政策的实施，对进一步促进贵州封建地主经济的发展，有一定的进步意义，对各族文化的交流也起到了促进作用。文化上的发展具体反映在设立学校，“黔省苗人子弟情愿读书者，准其送入义学”（《圣武记》卷七），“于苗人就地之乡村，设立义学，得读经书”；“黔省内地，特设苗籍进取之例，每届发科于各府、州、县，有苗童进取生员一二名，以示奖拔”。这里的“苗”，是一种泛称，泛指所有少数民族。但是封建统治者采用“以苗弱苗”的策略，每届文科于各府、州、县苗童进取生员一二名，以示“奖拔”，考的人再多，也只录用一二名，以显皇恩而已。现居凯里市炉山镇白腊村的王氏祖公在平越考“顶子”，分数很高，但就因为是少数民族，没有录用，后由睹浒王九公（地方绅士）证明其是从睹浒王家搬到白腊的汉族，才被录用，做了清廷官员。这样的例子很多，平良的罗在官、大风洞乡的罗华轩、五里桥的王启清都隐瞒了仫佬族身份才得以在官府担任职务。

在这一政策的背景下，改报外省籍贯就直接获得了某种益处，也是一种无奈的选择。仫佬族中的江

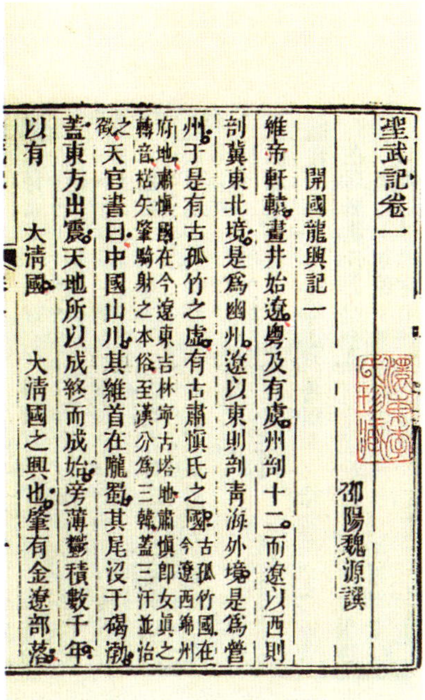
聖武記卷一
邵陽魏源譔
開國龍興記一
維帝軒轅畫井始遼粵及有虞州剖十二而遼以西則剖冀東北境是爲幽州遼以東則剖青海外境是爲營州于是有古孤竹之虛有古肅愼氏之國古孤竹國在今遼西錦州府地肅愼國在今遼東吉林寧古塔地肅愼即女眞之轉音楛矢肇騎射之本俗至漢分爲三韓蓋三汗並治之徵天官書曰中國山川其維首在隴蜀其尾沒于碣渤蓋東方出震天地所以成終而成始旁薄鬱積數千年以有
大清國
大清國之興也肇有金遼部落

《圣武记》书影

西籍就是在这样的历史背景下产生的。

所以从历史背景的分析和田野调查的结果来看，江西说可能存在以下情况。

第一，仫佬族中确有一部分先辈或始祖是从江西等外省而来，但到贵州后，第一代、第二代或第三代与当地的仫佬族人通婚，住在仫佬族地区，接受当地习俗，讲仫佬语，穿仫佬族的服饰，逐渐与当地仫佬族人融合在了一起。

第二，部分仫佬族为了获得在升学、科举以及政治上的便利，对外自称是外省籍。久而久之，代代相传，现在他们都说自己是江西等外省籍，其实这是一种讹传。

凯里市炉山镇白腊村

● "文罗金王黎" 五大姓氏 ●

所有仫佬族人家都各属于某一姓氏的家族。仫佬族家族的基本特点是同一血缘姓氏，有的是一姓一家族，有的则有几个家族。当然，这里面也没有绝对清楚的界线，只是相对而言罢了。

仫佬族的绝大多数家族世代在贵州山区里生息繁衍。汉晋唐宋时期，仫佬族的先民分为大大小小的部落，到了元明清时期，这些分布广泛而众多的部落逐渐演变为多个不同的家庭。到了明清时代，随着明代屯军及"改土归流"政策的推行、汉文化的渗入，官家编户纳粮统一管理的需要，仫佬族在明代开始起用汉名称呼，有了汉姓，排出了汉语字辈。这些在明清时期冠以汉字姓氏并属"木佬"家族的人被称为古老户。另外，也有一些汉族人融入了"木佬人"的某些家族，比如说一些汉族官吏被中央王

凯里市大风洞乡仫佬族妇女

朝派遣到仫佬族地区为官主政，他们带着家眷及随从的同宗人户入住仫佬族地区，经几代人之后，由于生存和生活的需要而逐渐与当地仫佬族融合而成为仫佬族的成员。还有的是在近代军屯、民屯、商屯中汉族后代与仫佬族通婚，融入了仫佬族，从语言、衣饰、心理特征、经济生活等方面都具有仫佬族的特征。

文氏家族是仫佬族的大姓家族，主要分布于麻江县宣威镇基东片区的瓮袍村、基东村、中寨村，龙山乡复兴村老虎庙、马蹄寨以及下司瓮港片区的龙里、瓮港、龙角、屯上、芭茅、长岩、大田脚、德兴、新庄、瓮把朗和凯里市万潮镇的荷花、杨柳塘等村寨。文姓几个族系的字辈、历史、习惯有相同的地方，也有一些不同的地方。

凯里市舟溪镇大中寨旧景

凯里市舟溪镇大中寨新貌

罗氏家族与文氏家族属仫佬族内的两个大姓，分布广，人口多，历史长。据统计，罗姓仫佬族仅略少于文姓，罗氏家族主要居住在凯里市大风洞乡都兰村的都兰、岩脚、有耳寨、榜河村，都力村的都力、庄上及两板橙、桐油坪、大寨、龙井等村寨和舟溪镇的大中、曼洞村以及炉山镇白腊、新寨、洛棉的河坎等村寨，以及黄平县崇仁乡的茶山、大罗、富塘、岩头，麻江县下司镇大坡、抬梁坡、杨远、岩头、石绕、和平、密索和宣威镇的黄土寨、甲树、安鹅，福泉市陆坪镇的平寨等地。

仫佬族金姓的活动情况，自清乾隆、嘉庆以来在府志资料中皆有多处记载。如乾隆年间的《贵州通志》（卷七）就记有："木老所在，多有王、黎、金、文等姓……"清代爱必达《黔南识略》卷二"贵定县"部分记载："木老有金、黎、王等姓……"由此推断，至少在三百年前，金姓祖先就是仫佬族中的一支，并且在一些地区（如贵定）可能还算得上是大姓之一。而今金姓仫佬族主要分布在麻江县龙山乡的复兴、铁冲、马蹄寨、塘介冲、芭茅寨，麻江县宣威镇的琅琊、中寨和凯里市大风洞乡的荣锋村岩脚寨及龙场镇的虎庄门楼边，至于麻江县下司镇这一块，在德兴村的新庄、瓮港村的芭茅冲及新民村的密索寨等也有少量的分布。

王姓仫佬族主要分布在凯里市炉山镇的白腊、后坝、新寨和大田，大风洞乡的老君寨、升官木、都蓬和枫香寨、新寨、格田、都兰等村寨及黄平县崇仁乡新华村的大罗等村寨。

黎姓仫佬族也是古代"木佬"的成员之一，这从以上引证的清代以来乾隆、嘉庆年间的史料记载来看已是清楚的史实。黎姓仫佬族聚居村寨主要集中在凯里市大风洞乡的重摆村，其次是该乡的碗寨村，其余在都力、有耳寨和炉山镇的新寨。麻江县下司镇瓮港村的龙角、德兴村以及福泉市兴隆乡等地，也有一定数量的分布。究其祖源，黎姓仫佬族认为都是从福泉高楼石板寨搬迁来的，来重摆有22代人的历史了，应该有近500年的时间，推算应在明代到达这里，黎忠怀是始祖公，迁徙路线是从高楼石板寨（现在的高石）到黄平坪溪坝，后来迁到了现在的重摆。

　　按现今仫佬族人户的分布状况分类，依姓氏排列，还有李、陈、吴、朱、段、石、蒙、饶等姓，人口较文、罗、金、王、黎等古老大姓相对要少一些，居住区域要窄一点。

凯里市虎庄仫佬族妇女

● 小而稳定的家庭结构 ●

　　贵州仫佬族的家庭是以一夫一妻制婚姻为基础的，以血缘关系为纽带，以父系为传承主线的社会基层细胞。封建社会时期，仫佬族家庭普遍实行一夫一妻制，但个别富裕家庭，或因无子嗣，也有纳妾的情况。仫佬族家庭是父系家长制家庭，世系按父系计辈。家庭的管理以男子为主。家庭成员过去大多在5~6人，现据不完全统计，则在3~4人，平均3.6人左右。一般是由父母、子女两代人组成，也有三代人家庭。

仫佬族妇女传统服饰（凯里市白蜡一带）

　　仫佬族家庭规模呈现出由大变小的发展趋势，这与国家控制人口的政策相关，也与家庭成员追求独立发展的意识有一定联系。特别是改革开放以来，仫佬族地区的经济发展较快，传统的三代人大家庭难以适应现代经济活动，大家庭内成员较多，意见容易发生分歧。弟兄、姑嫂各有所长，经济活动各有渠道，难以统一，有时甚至产生矛盾，于是，大家庭向小家庭变化的趋势成为客观必然。这样，小家庭便普遍成为仫佬族社会的基本家庭结构。一直以来，仫佬族内部比较团结，防范外人欺凌的意识较强，家庭关系比较牢固。

　　另外，仫佬族家庭大多居住在自然条件较差的山区地带，艰难的环境使他们终年全力为生活而劳累奔波，家庭赖以维系的纽带十分牢固，离婚现象很少。而个别家庭离婚的原因主要是由于女方未生育孩子；或是女方勤劳，男方懒笨，不会安排生产和生活；或是男方好赌，不顾家而衰败散伙等。总的看来，仫佬族家庭的牢固性与该民族的内聚力和强烈的民族意识密切相关。同时，市场经济的冲击对仫佬族家庭关系造成影响，出现了家庭结构由大变小的某些松散现象。

仫佬族家庭的繁衍结构包括其家庭的分衍、子女抚育和财产继承等内容。仫佬族家庭既是经济活动单位，又是该民族的社会基层细胞及家庭人口的新陈代谢繁衍单位。仫佬族家庭的小孩出生后，由族中长老、爷爷或父亲起名，也有少数请"八字"先生给小孩算命，按相生相克的原理给小孩起个名字。如小孩的八字当火而缺水，就取个水名。古代仫佬族曾实行父子连名，但那是很早以前的事情，早就成为了历史。从明清时代起，仫佬族就取汉字姓名。

姑娘出嫁，儿子分家，是仫佬族新一代家庭承袭上一代家庭的不断延续的自然过程。然而，分家的时间、条件、程序和内容都在逐渐变化。过去，一般要等所有子女成家后才分家，甚至要等儿子全部生小孩、办了满月酒、每人都盖有新居后才分家，有一些则要等老人丧失劳动力和管理能力后才分家。所以家庭成员可多达一二十人。现在则改为儿子结婚不久就分家了，老人一般同小儿子居住，大的儿子盖房，父母有帮助的责任，送一些物资表示支持。分家时的财产和土地，一般都由

基东、瓮袍一带仫佬族少女

儿子继承，女儿无继承权。但在分配财产时都将之与老人赡养及安葬的义务捆绑起来考虑。如户主年老无儿，则由女儿女婿赡养并继承家业。若女儿女婿有困难或不太愿意，就由老人的侄儿或养子来进行赡养和安葬并继承家业。

在仫佬族家庭中，如出现无子女的特殊情况，家庭的延续采用变通的补充形式，即过继抱养。仫佬族家庭无子嗣过继抱养一般在本姓家族的亲属中选择，辈分必须符合要求。如在这些亲属范围内无理想人选，则在族外选择。养子对养父母有生养死葬的义务，也有继承家产的权利。抱养子实行"三辈还宗"，即抱养子本人（第一辈）、抱养子的儿子（第二辈），均改为收养者家的姓及辈分，到抱养子的孙子（第三辈）时可将其姓氏还原为原来的姓氏。仫佬族有重情讲义的传统，抱养关系形成的非血缘家庭与血缘家庭待遇相同，故有些被抱养人在三辈以后也不愿还姓而一直继承抱养人的姓氏。

从社会生活的角度来看，婚姻产生社会关系，姑、姊、妹结婚出嫁产生姻亲，母、妻及下一代的外家存在姻亲。仫佬族历史上盛行族内婚、姑表婚、姨表婚都是血缘关系，同时还有干亲，如"打伙计"、"拜干爹"、"找保爷"等非血亲存在。

家庭的集合便是村落寨子，仫佬族村寨是由血缘关系和地缘关系相结合的人们生产经营和社会生活的共同体。仫佬族村寨以户计规模达100户以上的有：麻江县宣威镇的基东、瓮袍、琅琊，龙山乡的复兴，凯里市大风洞乡的都兰、都蓬、重摆和炉山镇的白腊等。几百年来，仫佬族村寨的组织结构处于不断变化的过程中。

明清时期，仫佬族聚居村寨一般由一个德高望重的人担任寨老（部分一姓一寨的称为"族长"），对村寨事务进行管理，对外代表全寨利益，对内负责纠纷调解，制定规约，执行赏罚。

民国时期，寨老制与保甲制并存，后来寨老制逐渐被保甲制所代替。在仫佬族地区，保甲长多数由有一定文化或能力的人担任。

现在，村寨事务的管理一般都由乡、村、组的官方组织来负责，寨老、族长之类的人士退到了次要的幕后位置上，只是在清明挂亲、"做保家"等祭祀性质的活动中充当特殊角色，发挥其作用。

● 即将消逝的乡音 ●

2007 年，一位叫李丁西驰的仫佬族姑娘参加贵州省举办的"和谐中华·民族之花"选拔活动并获了奖。她在事后接受记者采访时回忆说："别人要我用本民族语言介绍自己的时候，我总觉得有些尴尬。小时候我在外婆那里学到了不少仫佬族的礼仪习俗，但因老人去世得早，没有能够将仫佬语传承下来。上初中后，我还与父母多次回到老家，希望从年长者那里学到点儿仫佬语，却终无所获。比赛结束后，我肯定会再去老家以外的地方找寻一下，只要没有证据证明仫佬语失传，我就会一直寻找下去，为仫佬族文化的世代流传而努力。"

根据 20 世纪 80 年代初贵州省民族事务委员会的调查，能用仫佬话讲几个简短单词的人已不到贵州仫佬族总人口的 1%。仫佬话已随着经济的发展、社会的进步和文化的交融渐渐逝去。

根据贵州省民族识别工作队语言组 1980 年冬至次年春半年多时间的语言识别调查，贵州仫佬语与广西仫佬语差异很大，根本无法进行交流。

获得 2007 年贵州省仫佬族"民族之花"称号的李丁西驰

首先从语音系统上比较，以麻江下司龙里为代表的贵州仫佬语有声母 26 个、韵母 22 个、声调 5 个，而以罗城东门为代表的广西仫佬语有声母 28 个、韵母 89 个、声调 8 个调类 6 个调值。贵州仫佬语声母没有卷舌音，有小舌音 [q]、[q ']，并且摩擦音比较发达，韵母与本地的汉话比较接近；而广西仫佬语有庞大的韵母体系，是贵州仫佬语韵母的 4 倍多。

其次从词汇的异同上比较，调查组用了 784 个最基本的词进行了对比，发音相同相近的词 112 个，占 14.27%，同源的词 23 个，占 2.93%，不同的词649个，占82.78%。在相同相近的112个词中，汉语借词88个，占11.22%，本民族词22个，占2.8%。

再次，从语音亲属关系上比较，广西仫佬语属于汉藏语系壮侗语族侗水语支，与侗语、毛南语的关系最近，而贵州仫佬语至今尚未确定语族，与其较为接近的仡佬语很明显不属于壮侗语族，那么贵州仫佬语自然也就不属于壮侗语族了。因此李丁西驰想要学习本民族语言的愿望可能会落空，即使她能到广西的罗城去学习，学回来的也不是贵州仫佬族的语言。

语言是人类为满足情感交流、传递信息的需要而产生的一种约定俗成的媒介工具。由于贵州仫佬族只有语言没有文字，所以要探寻其语言的起源及其演变就变得非常困难。据有关学者对红水河以及南、北盘江原始文化遗迹的考证和贵州仫佬族"还娘头"婚姻和婚后"不落夫家"、"娘亲舅大"以及"折齿"、"撵社"、"动土"等习俗的推测，氏族社会时期贵州仫佬族就已存在，人们为了生产、生活的需要必然要进行交流与沟通，也就必然产生了自己内部的语言。

秦、汉、隋、唐时期，虽然各封建王朝均在西南少数民族地区分

都蓬学校仫佬族教师合影

别设立了行政机构，但仍保持或基本保持少数民族原有的社会组织形式和管理机构，任用其酋长、首领为地方官吏，推行的仍然是一种松散型的羁縻政策和管理方式。自宋开始，封建朝廷开始在西南少数民族地区推行土司制度，至元代逐步完善。土司制度实质上也是一种间接的管理模式，实行的仍然是"以夷治夷"、"以夷攻夷"政策，"修其教不易其俗，齐其政不易其宜"，对"化外"之地任用其本族人实施统治，虽然土司中的土官成了中央王朝官员系统中的一部分，但"化外"之地依然处在一种相对封闭的状态，因此元代之前应该是仫佬族先民使用本民族语言的"绝对期"。

仫佬语简介

贵州仫佬语分为两种方言，以麻江下司龙里为代表的麻江方言和以凯里大风洞乡重摆寨为代表的凯里方言。由于仫佬族人民与汉、壮族人民交往密切，仫佬语中吸收了不少汉、壮语词汇，绝大多数人兼通汉语，部分人还会说壮话。仫佬族没有本民族的文字，通用汉字。

明代之后，为解决日久相沿的土司割据的积弊，中央政府开始推行自上而下的"改土归流"政策，采取改派流官、屯兵、设义学等方式。在这一特殊的历史阶段，大量汉民的不断涌入给西南各少数民族在政治、经济、文化各领域带来了一股强大的冲击波，也对贵州仫佬族人的语言交流产生了较大的影响，为了生产、生活和文化交流的需要，许多仫佬族人开始学习使用汉语。清嘉靖年间《贵州通志卷三·风俗》中关于"旧志：木佬……颇通汉语"的记载，充分说明了明代是仫佬语的"固守期"和学习汉语的"启蒙期"。

在随后的清朝两百多年时间里，随着族内婚姻的对外开放、汉族客商的不断涌入，儒学的影响不断扩大和深入，贵州仫佬族使用汉语的能力和水平得到进一步加强，一些地区基本做到了"双语并用"，并出现了仫佬语衰落的现象。到了19世纪，在一些仫佬族聚居区，使用汉语的人数相当普遍，在一些交通比较便利和多民族杂居的地区，已较通用汉语，到19世纪末期就出现了许多仫佬族人不会说本民族语言的现象。清人爱必达在《黔南识略》卷二中记载："木佬……言语与汉人同……"就是一个最好的佐证。由此可以看出，清朝时期是仫佬语的"濒危期"，又是汉语在仫佬族地区的"占领期"。

目前，国家不断加大对贵州仫佬族地区交通、教育、文化的投入，使仫佬族地区经济社会文化得到了较快发展，广大仫佬族青少年在充分享受平等教育的同时，与其他民族的交往日益频繁，汉语普遍成为

GUIZHOU MULAOZU

贵州仫佬族

罗世庆　主编

贵州民族出版社

《贵州仫佬族》书影

贵州仫佬族人的交流工具。

　　为了做好贵州"木佬人"的民族识别工作，1980年冬至1981年初，贵州省民族事务委员会组织力量组成民族识别工作语言组，对贵州仫佬族语言进行了一次详查，并提供了一份比较详细的调查报告。这份报告对贵州仫佬语的使用现状以及贵州仫佬语与仡佬语、广西仫佬语的关系从语音、语汇、语法等方面进行了较为详细的对比分析，并辑录了近2200个单词，这对于研究贵州仫佬族语言来说是非常珍贵的。这份报告已辑录在由罗世庆先生主编、贵州民族出版社出版的《贵州仫佬族》一书中，有兴趣的朋友可以读一读。

工作中的罗世庆同志

YIFANGSHUITU
一方水土
YIFANGREN 一方人

● 邦水坝子鱼米乡 ●

　　仫佬族像其他少数民族一样，具有大杂居小聚居的特点，大致分为麻江县宣威镇的基东片区、凯里市大风洞乡的平良片区和麻江县下司镇的瓮港片区等几个聚居区。在这些聚居区，有一百多户至几百户的仫佬族村寨。而邦水则是古代仫佬族的大聚居地。

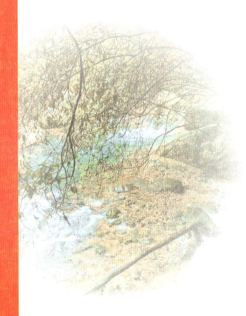

　　在一个风和日丽的中午，我们兴致勃勃地走进了久已心神向往之地——邦水。一眼望去，邦水是多山的贵州一个不可多得的山间平坝，一条小溪穿坝而过。邦水作为山区的一个盛产水稻等农作物的鱼米之乡，历来受到各方的重视而成为人们争夺的地方。唐朝末期，朝廷设立邦州，此地更一度成为当地的政治经济和文化中心。"木佬人"曾在此生存

斗篷山原始森林保护区美景

邦水老场坝

发展几百年,留下了一段值得留恋的难以割舍的感情,坝子边上残存的古城遗址保留下久远的记忆,让后人流连忘返。

现在属于甘塘镇的邦水位于都匀市西北郊区,该镇东边是都匀市沙包堡办事处,南连都匀市小围寨办事处,西邻贵定县沿山镇及都匀市摆芒乡,北靠都匀市杨柳街镇。附近有国家重点风景名胜区——斗篷山原始森林保护区及绿茵湖水库、四方潭、市植物园等风景名胜区,森林覆盖率达32%。321国道从此穿过直达贵定县,乡村公路四通八达,村民均种植茶叶,可见,邦水如今仍然是一个发展优质水稻、茶叶产业及旅游的好地方。

● 仫佬大寨基东村 ●

　　基东是现代仫佬族人的大本营，是我不能不去的地方。在秋后一个晴朗的早晨，我应宣威镇的朋友老朱之约来到这个仰慕已久的地方，他十分好客和厚道，嘱咐老伴把所剩不多的老腊肉拿出来蒸熟，请我喝他们家酿造的糯米酒。吃罢早饭，他带我拜访当地德高望重的文老书记。老书记是原基东乡的书记，非常熟知当地的历史文化，是一位一定要去拜访的对象。我们走到老书记家时，他刚好从山上回来。

　　老书记看上去六十岁左右，但经过交谈我们才知道，老书记已经七十多岁了，他那爽朗的笑声和直率的谈吐，一下子就拉近了我们的距离。待老书记泡好茶，我提出第一个问题："过去基东是什么样？"老书记听了，哈哈一笑："听老辈子讲，基东是仫佬族大寨子总的称

基东"睡美人"山

阳光下的歌唱

呼，过去说基东十八寨，在中央是一个老寨，叫'过街楼'，房子一栋接着一栋，从街头连到街尾，下雨天走路，雨不淋脑壳，水不湿鞋。周围的寨子包括养木寨、大土寨、井边寨、大寨、金竹寨、湾寨、谠角寨、坡老寨、全坡寨、新寨、李王寨、龙塘寨、灯笼寨、窝牛寨、松塘寨、新荣寨、田坝寨和新仁寨。"听着老书记对基东历史的叙述，我仿佛看到了仫佬族人在过街楼的街上穿梭，将一筐筐一担担山货抬来交易，然后换回他们需要的盐巴、布匹等商品的生活画面，听到了一个个商人的吆喝声和一群小孩的追逐打闹声。我接着问："这十八寨现在怎样了？"老书记说："慢慢变，现在有的寨子搬迁不在了，有的改名字了，还有的拆开来分散居住有新寨名了。现在基东寨仍然是大寨子，基本都是仫佬族，有三百多户，主要是文家、李家和朱家。瓮袍村那边有文家和罗家，也有三百多户人家，这两个地方现在是最大最集中的仫佬族村寨。除此而外，龙山和我们相连，复兴、老虎苗、马蹄寨、铁冲几个寨子也有接近百来户仫佬族，另外，宣威镇的琅琊、瓮偿、中寨也比较集中，有一两百户的规模，安鹅、塘介冲寨子稍微小一点儿，只有几十家。

盛装的仫佬族小学生

远眺基东村

仫佬族好像有点儿按片区居住的味道，基东这一片大约有一万人。"

　　我的第二个问题是，基东十八寨的周边有哪些民族，关系如何？老书记说："老人家有首歌唱：'底麻底珍住得高，牛皮火壤会吹箫，基东瓮袍木佬崀，黄莺高寨是东苗。'仫佬和蛇场（现在叫贤昌）那边的布依族、宣威这边的苗族、隆昌这边的畲族关系好得很，还开亲打亲家，有酒有肉大家吃。仫佬族人善良，不惹事，让得人，和大家都处得来，很少发生矛盾。"

　　辞别老书记，老朱与我在附近村寨随便走走，后来去了瓮袍。附近村寨封山育林工作做得到位，路边的植被比较好，我们一边聊一边欣赏路边的风景，短短一段路我们俩居然走了一个小时。

　　当我们走进寨子，老村主任和妻子看到我们到访，便放下农活把我们迎进了家。到主任家里刚落座，话匣子还没有打开，他家里满屋堆放的大蒜就告诉我，大蒜是他们家的经济支柱。于是，我们开始了关于大蒜话题的讨论。

　　老朱不无自豪地告诉我，基东、瓮袍这一带的土壤和气候条件都特别适合大蒜的生长。红皮的大蒜，产量比较高且品质很好，县里向

麻江县荣获"中国红蒜之乡"称号

红蒜丰收了

供基东全村人畜饮水的黄帝洞

北京申报，获得"中国红蒜之乡"的称号。这里家家户户种红蒜，过去经贤昌到都匀卖大蒜，在场坝上一眼望去全都是基东人。现在不用去赶场自己卖了，因为现在基东红蒜成了品牌，成为都匀、凯里这些城市居民家庭餐桌上的必备食材，有了这么大的市场需求，自然就有了大生意做，每天都会有批发商进村入户来上门收购。所以，现在群众只管把生产搞好就行，不愁大蒜的销路。

老朱一边介绍，一边从屋里顺手拿起几个大蒜来将皮剥掉放入一个小碗中，用酱油和陈醋把它泡起来。当女主人把菜送上来后，老朱在他的大蒜碗里添了一勺干辣椒面，等主人把米酒倒入碗里请我喝酒时，老朱郑重其事地推荐起了他的凉拌大蒜，说是有"清肠胃、排毒、保健"的功效。

这之后，我都保持食大蒜的良好习惯，不管春夏秋冬，肠胃从来没有出过什么问题。这恐怕要得益于那次学老朱的"秘招"了。

● 鬼 斧 神 工 造 平 良 ●

位于凯里市、黄平县与福泉市三县市交界的平良仫佬族片区，风光秀丽、资源丰富，是一个十分迷人的地方。从黄平的野洞河景区开始，游船所经之处风光旖旎。野洞河距黄平县城 28 千米，野洞河景区以溶洞、瀑布、漂流、山野观光为主。野洞河发源于瓮安朱家山国家森林公园，全长 18 千米，河水清澈见底，两岸峰峦叠翠，全流域有上下两座天生桥。上野洞天生桥位于瓮卡西家寨与福泉懂炳交界处，高 80 多米，洞深 100 多米，河水穿洞而过，洞中有瀑布，有天窗，有形状独特的石笋、钟乳石，千丘田渠景观。旁边有一干洞，洞高 20 米，宽 10 米，与水洞形成孪生洞并连。下野洞天生桥高 15 米，最矮处 2 米，洞深约 100 米，洞

野洞河飞水崖

朱家山森林公园美景

野洞河漂流上岸点

中石笋、钟乳石景观别致。这里是贵州洞中漂流的绝景，游客络绎不绝。

野洞河沿岸有 120 米高的飞水崖大瀑布，有盘龙山帘水瀑布群，集奇山、奇石、奇瀑、奇树、奇水为一体。两岸不仅有壮观的悬崖峭壁，还有猴群攀树，野猪出没。河中有剑鱼、娃娃鱼等。下游还有 4 千米宽，布满清细光滑鹅卵石的浅水河面，神奇景观堪称大自然的鬼斧神工。

经过一小时的车程，古朴秀丽的平良村就到了。村子建在江边的半坡上，由于河床落差大，江水流经石门坎，在这里突然剧烈地翻腾起来，波涛滚滚地进入了古峡。

古峡入口，右有骆驼峰，左有白壁岩，两峰对峙，遮天蔽日，犹如古峡的两扇大门，把江水关藏在幽深的峡谷之中。一入古峡，凉风徐徐。白壁岩半腰有一幽深山洞，猴子经常在此出没。白壁岩下的白岩塘，为江中之塘，水深达三四十米，江流在这里呈大漩涡旋转，由于塘奇水深，这里的甲鱼竟有十多斤重，鲢鱼重达七八十斤。

平良古峡风光

过了白岩塘，便是"三十三浪"。"三十三浪"两边，有形状如猴的猴子山和形似白发老翁的仙人山。两座山峰都是巍巍矗立的百余米高的断崖峭壁。

进入古峡腹部，滚滚奔腾的江水在此变得平静如镜。两岸的山崖岩峰和树藤花卉倒映水中，如诗如画，美不胜收。江的两边是奇峰怪石，有的直插蓝天，犹如斧劈刀削，威势逼人，有的岩壁下端凹陷，上端凸突，空悬云端，势欲飞动。

过了"三十三浪"，转过一堵巨大的岩壁，眼前的岩壁直刺青天。一股山泉便从这悬崖的顶端飞流直下，在几十米处落在一岩檐上，又弹泻下来，再次溅落在一岩檐上，最后才洒在江面上，如丝如缕，如珠如链，如莲如荷，如烟如雾。十里古峡，陡岩峭壁，瀑水争流，激石成声，乘木舟过三十三浪、三十三滩、三十三湾时，舟在浪谷行，人在浪尖漂，有惊无险，令人心旷神怡。"三朝桥"是重安江入峡的第一景。三座桥分别为三个时代修建，横贯于重安江上，相

平良古峡

溶洞世界

凯里市大风洞乡老君寨一景

互映衬,展示了人类在不断进步,历史在不断前进,反映了人民的勤劳与智慧,就像一座露天的桥梁博物馆。

野洞河位于重安江上游,是重安江的支流。这条小溪流神奇地穿过两座百余米长的天生桥(溶洞),令人叫绝,乘橡皮舟漂流其上情趣盎然,让你览尽洞中奇景和沿岸的奇山、奇石、奇瀑、秀水。

石笋沟是野洞河旁边的一个天然石笋"公园",因山石林立如竹笋而得名。长约5千米的沟内沿岸山山对峙,林木荫翳,溪流淙淙,除大多数山石像竹笋外,有的山石形如人,或立、或坐、或曲腰,惟妙惟肖,美不胜言。沟内悬壁多生腊梅,腊月开放,冬游至此,鹅黄满目;炎热的夏季,林木苍翠,藤蔓纠缠,步游其间酷暑不知。

老君洞位于凯里市北约30千米的大风洞乡老君寨旁。老君洞洞口宽敞高大,冬暖夏凉。这是一处规模宏大、造型奇特的洞穴。洞深5000米左右,两壁最宽处100米,最高达50米。洞内空间开阔,岩质复杂,拥有数十种岩溶堆积形态,包括世界溶洞中主要的形态类别,洞道纵横交错,石峰四布,流水、间歇水塘、地下湖错置其间,算得上是"岩溶瑰宝"、"溶洞奇观",可以说是一座"岩溶博物馆"。它是一个多层次、多类型的溶洞,相对高差100余米,全洞容积超过100万立方米,空间宽阔,有上、中、下三层,洞内有40多种岩溶堆积物,显示了溶洞的不同形态类别。洞内有各种奇形怪状的石柱、石幔、石花、钟乳石、石笋等,组成奇特景观,身临其境如进入神话中的奇幻世界。最大的洞厅面积达2万多平方米。每座厅堂都有形态各异的石笋、石柱、钟乳石,大的有数十丈,小的如嫩竹笋,千姿百态。还有玲珑剔透、洁如冰花的卷曲石。各种景观形态逼真,五彩缤纷,有待开发利用。

　　老君洞不仅有很高的旅游、美学价值,而且对于研究中国的古地理、古气象学等也有一定的科学价值。洞外有地面岩溶、峡谷、溪流等自然景观,与仡佬族村寨浑然一体,稍加打造就会成为一个风景名胜区。

远看都营村

● 下司古镇产业兴 ●

　　麻江县下司镇瓮港片区是仫佬族的重要聚居地之一，沿清水江流域，主要包括该镇的瓮港村、大坡村、德兴村、龙里村、回龙村和该

下司镇瓮把朗

下司简介

　　下司东邻凯里市，西连麻江县杏山镇，南接麻江县宣威镇，北抵凯里市，位于"三市一矿"（凯里市、都匀市、贵阳市、福泉"磷都"）四大市场之间，地理位置得天独厚，且交通便捷。仫佬族人口集中在德兴、大坡、回龙、瓮港、龙里几个村。

县碧波乡新牌村枧冲以及福泉市兴隆乡，方圆约100平方千米。这一片区共有大约600户仫佬族，人口居于三大片区的第三位，主要属丘陵地带，与汉、苗、畲族杂居。

　　下司明清两代属平定长官司的分司治所，因地处平定下游，得名下司。民国20年（1931年）置下司镇，1958年改为下司公社，1984年恢复为镇。

　　下司是清水江上游的商埠重镇。清雍正七年（1729年），云贵总督鄂尔泰和贵州巡抚张广泗令民工疏浚河道，后又经乾隆二年（1737年）、二十六年（1761年）和光绪八年（1882年）多次整治，航道畅通，下司逐渐发展成为水码

头和物资集散地。清末至民国初年，这里的商业特别兴盛。有贵阳、安顺、兴义以及云南、四川、湖南、湖北、江西、福建的商家长驻镇上，设有川滇会馆、江西会馆、两湖会馆、福建会馆等。各会馆的富商在镇上开设庄号，经营各种商品。如江西刘同庆开的"庆元丰"，经营黄州布、棉花、棉纱和桐油等，资金达10多万银元；湖南张文斋、张省斋开的"怡兴斋"，以及湘乡杨天成开的庄号，生意都很兴隆。

下司新农村一景

据民国7年（1918年）统计，下司有商户197户，从业人员583人，资金21.75万银元。那时，货物运输主要靠船载马驮。每逢场期前一天，省内外船只车马纷至沓来。停泊江上的商船成百

清水江畔的下司全貌

下司第一楼

正在恢复中的下司古街古建筑

上千，船上灯火通宵达旦，倒映江里，灿若繁星。马店门庭若市，客栈商贾云集，餐馆彻夜营业。时人以"小上海"喻之。

民国23年（1934年）公路通至下司后，下司商户自购汽车10辆运送货物，下司成为当时黔东南拥有汽车最多的城镇。随着时间的推移，这里的商贸繁荣，赶场天附近各县、市均有人在此交易，是黔东南苗族侗族自治州较大的农村集市之一。现在，有沪昆高速公路、厦蓉高速公路、湘黔铁路、沪昆快速铁路以及国道、滨江大道、开司城市主干道连接凯里，可以说是四通八达，交通条件十分便利，具备了经济发展的良好条件，同时也极大地改善了当地仫佬族群众的出行条件。

近年来，下司镇政府经济发展总体规划的重点是旅游开发，被列为省"双百"小城镇建设试点镇，又是省级风景名胜区和黔东南苗族侗族自治州经济建设强镇。

下司镇地势西南高东北低，处于云贵高原向湘桂丘陵过渡的斜坡地带，气候温暖湿润，光照充足，土壤肥沃，良好的气候条件使下司成为新鲜蔬菜的主要供应基地，下司镇利用区位优势发展城郊型特色产业经济。

下司是省级风景名胜区，包括凯里市的岩寨，镰刀湾部分

下司风光

地区，面积有 68 平方千米。现在两岸大街还保留着清乾隆四十四年（1779 年）修建的用石头铺砌成扇形的 30 余米的石阶大码头和小码头，以及禹王宫、观音阁等古寺、古殿宇遗址、古民居、古巷道。

下司风景名胜区以清水江为纽带，集自然山水风光、历史文化与民族风情为一体，有景物 52 处。其中清水江风光船游区的主要景点有：龙里水库风光，龙里仫佬寨、湾塘、保秧洲、桃花、岩寨等民族村寨，河坪渔村、沙坝竹林、桃源岛、太阳岛、镰刀湾岛、下司水上活动中心等。老山河峡谷步游、漂流区的主要景点有：将军石、月牙潭、九曲银河、

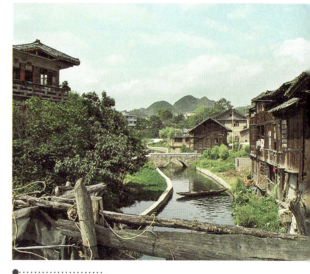

小桥流水

卡门、姊妹峰、千里坡、老鹰坡等。文物古迹有下司古镇、古码头、街巷、夏同龢状元第、禹王宫遗址、观音阁和文昌阁，狙击袁世凯的壮士张先培故里——芭茅冲，保秧洲讨袁护国军陆军上将都督吴传声墓等。

　　一年一度的下司龙舟赛以及赛马、斗牛、斗鸟更为广大群众所喜爱。下司龙舟训练基地被国家民族事务委员会、国家体育总局命名为全国少数民族传统体育示范基地。

下司风景名胜区风光

● 清新古朴复兴村 ●

斗鸡

　　每年农历十月的第一个卯日，是贵州仫佬族的传统节日——仫佬年。每逢仫佬年，家家家户户都要贴对联、打糍粑、杀年猪、放鞭炮，其气氛不亚于全国人民共同的传统节日——春节。节日期间由村委会牵头开展一些诸如斗鸟、斗鸡、拔河、赛马、赛歌等活动，届时大家聚在一起，拉拉家常，走走亲戚。我们的复兴之行，就是专程去过仫佬年的。

　　也许，今年的仫佬年确实是个吉祥的日子。车进复兴，沿路就看到好几个寨子都有人家在忙着操办喜事，那震天响的鞭炮声和来来往往的人流，让这条原本静谧的乡村碎石马路显得格外的拥挤，也让我们未到目的地，就感受到了一股浓浓的年味。

　　来到复兴，我们不得不先说 99 块田的故事。这个故事在麻江地区妇孺皆知。从前，有一对夫妇辛辛苦苦打了一辈子的长工，最后终于有了一点儿积蓄。丈夫费了很大的周折，用那点儿积蓄在复兴买了 99 块田。妻子高兴之余又有点儿半信半疑，便要丈夫带她去现场看看。到了现场，她一块一块地数，可她数了好几遍，数去数来却只有 98 块。

还有一块在哪里呢？男人看妻子急了，便挪开女人身边盖在地上的斗笠说："喏，这不是？"想想吧，一个斗笠就能盖住一块田，那99块田该有多大？这个故事说明了复兴自然生产条件的恶劣。复兴坐落在麻江县龙山乡境内一条狭长的山谷地带，左是山，右是山，尽头也是山，就靠一条潺潺的小溪和一条弯弯拐拐的碎石路与外面的世界保持着联系……

当我们赶到有着千年古韵的仫佬族山寨——老虎庙的时候，那里已是人山人海了。复兴小学的操场上里三层外三层围了不少的人，那是仫佬族妇女们在打腰鼓；而右侧几块闲置的旱田里，有的三五人一圈，有的十来人一圈，或蹲或坐，已在享受山野里的狗肉汤锅；再远一点儿的山垭处，四面八方的斜坡上也聚拢了很多人，并不时传来一阵阵的笑声和欢呼声，好像是在斗牛……

深秋的太阳很温暖，人们三个一群、五个一伙正在悠闲地享受着难得的过年时光。不知不觉中，我们爬到了斗牛场边的一个山坡上。

复兴村一景

只见生性好斗的两头水牯牛仿佛也是来享受这阳光似的，根本没有打架的欲望，无论村民们如何挑逗，它们只是礼节性地比比架势，做做样子。场外的人们呢，也好像并不着急一定要它们分出个胜负来，依旧悠然地继续着各自的话题……站在半山

复兴村篮球场

腰上，向远处眺望，我才发现复兴的景色竟然如此的美丽：深秋时节，层林尽染，一层高过一层连绵向天边延展开去，几朵白云在小溪的上空飘浮着，好像也想下来同我们一道过年似的，久久不肯离去……此情此景，让我不由想起了刘禹锡"自古逢秋悲寂寥，我言秋日胜春朝"的诗句。

虽然深秋给人的印象总是凄婉和悲凉的，如苏轼"相逢不用忙归去，明日黄花蝶也愁"、李商隐"秋阴不散霜飞晚，留得枯荷听雨声"等描写深秋的诗句，但复兴的深秋，却让人感到心里暖暖的，非常的亲切和充实。

新寨，距村委会大约有十来分钟路程，是复兴村很有代表性的一个自然寨。这些年来，复兴之所以屡屡吸引媒体和大众的眼球，除了其清新的空气、原生态的森林植被、古朴的民居外，更重要的是这里的仫佬族居民们良好的卫生习惯。踏入新寨，无论是入村的主干道，还是通往各家各户的便道都非常的干净整洁，各家房前屋后堆放的柴草也码得整整齐齐，最有特色的是每家每户的厕所都是百叶窗式的，一律的黄漆颜色，非常规范醒目。

寨子这么好的卫生习惯是如何保持的呢？当地有一套严格的管理制度，每家每户都有各自明确的卫生责任区域，每天自行打扫，而公共区域则采取轮流打扫的方式，每周至少打扫三次。

复兴人家

刚开始大家还不习惯，为此寨子里专门成立了一个寨容整治小组，每周一次大检查，每三天一次小检查，不合格的，就罚扫公共区域一周，后来大家也就习惯了，习惯了之后对不卫生的现象反而不习惯了。

我想：现在的农村环境，特别是垃圾遍布已成为一个非常突出的问题，如果大家都像复兴村村民那样重视自己生活的环境，"美丽乡村"就会早日实现。

自贵州仫佬族被列入国家重点扶持的较少数民族以来，复兴村的基础设施、产业发展、教育文化以及卫生事业得到了各级党委、政府的重视。我也由衷地希望复兴村的经济发展、环境生态越来越好，人民的幸福指数越来越高。

● 龙里龙舟奔小康 ●

贵州省麻江县下司镇龙里村是一个仫佬族聚居村，位于下司镇清水江沿岸。

苗岭山脉

"龙里是块难得的风水宝地。" 20 多年前有位风水先生曾说过龙里的风水："绵延不断的苗岭山脉自祖山蜿蜒而来，突然在小半山（地名）处分出一支嫩脉，弯弯曲曲、若隐若现，经过层层剥换、过峡、束气，变为一条清秀的山龙静静地卧在龙里那个地方，而清水江就是苗岭山脉的随龙水，来到龙里则呈'水缠玄武'之状，像一条玉带一样将'龙头'环绕抱住……"

2012 年，中国新闻网上有一篇题为《"文家军"名满天下龙舟造就仫佬族村庄首富》的报道，让很多人关注龙里龙舟的发展。

龙里是一个依山傍水、山水环抱，环境非常优美的仫佬族寨子，有 100 余户人家错落有致地坐落在"龙头"之上，寨脚下是一片宽阔的常年被江水冲击而成的由鹅卵石铺就的沙滩，清澈的清水江像一条蓝色的飘带，呈"U"形环绕着村子静静地流过。

龙里龙舟队

文廷友就住在寨子东面一幢相当显眼的"龙舟楼"内。他六十开外的样子，很热情也很健谈，是龙舟队里的舵手，说起龙舟队如数家珍。龙里村能与划龙舟结缘，还有一段有趣的故事。

1989 年，贵州省人民政府确定贵州省龙舟赛于 8 月在麻江下司举办。而那时的麻江还没有自己的龙舟队，但作为东道主又不可能不组队参加。由于时间紧，有人便想出了从该县境内清水江沿岸会划船的村民中遴选队员的办法，于是便临时任命当地以打篮球出身的体委主任"夏打球"为教练员去组建队伍。

那些年由于龙里村交通不方便，村民们下地干农活、出门走亲访友都得走水路，不论男女，很多人都有一身划船的好功夫。于是在这支临时组建的"杂牌军"中，龙里村的仫佬族汉子们就占了一半多。

后来，这支"杂牌军"在本次共有 12 支龙舟代表队参赛的比赛中居然还获得了 500 米竞速赛第 5 名、800 米竞速赛第 3 名的成绩。

本来"赶鸭子上架"只为应付比赛，没曾想却玩出了点儿小名堂，这不仅给当地政府带来了信心，也给队员们带来了希望。加之受全省龙舟赛事的影响，下司地区清水江沿岸的群众赛龙舟蔚然成风，每年端午、七月半等民族传统节日均要举行各种龙舟比赛。

为了参加各种赛事，龙里村便自发组建了自己的男女龙舟队。令人没想到的是，这支队伍通过不断组合、发展、壮大，最终磨炼成了麻江县代表队、黔东南苗族侗族自治州代表队、贵州省代表队，成为闻名全国的一支龙舟劲旅——文家军。

文家军载誉归来

2006年，全国第三届体育大会龙舟比赛在江苏苏州举行，龙里男子龙舟队首次代表贵州省参加比赛，就获得了1000米直道竞速金牌和500米直道竞速银牌的好成绩，实现了贵州省参加全国龙舟大赛金牌零的突破。同年，全国第十四届龙舟锦标赛在沈阳举办，龙里男子龙舟队代表贵州省参加比赛，再夺1000米直道竞速第一名。

麻江龙舟赛

最让龙里男子龙舟队引以为傲的是他们在羊城广州龙舟赛上的表现。那是2007年11月，第八届全国少数民族传统体育运动会在广州举行，龙里男子龙舟队与镇远女子龙舟队代表贵州省参加了该次运动会的龙舟赛。赛前，省领导对他们的最大期望就是能拿到一枚

龙舟健儿获奖

金牌，不曾想他们在女队稍弱于东道主广东省代表队和湖南省代表队的情况下取得了9枚金牌的骄人成绩，创下龙里男子龙舟队囊括本赛事所参赛项目所有金牌的纪录。这些项目分别是男子、男女混合500米标准龙舟，男子、男女混合800米直道竞速，男子、男女混合1000米标准龙舟，男子、男女混合500米小龙舟直道竞速等。这成绩凝聚着龙里村仫佬族人的心血和汗水。当然，他们的汗水没有白流，除了收获观众热情的助威和媒体的关注外，每人还收获了14余万元的奖金。

由同一个村（龙里）、同一个民族（仫佬族）、同一个姓氏（文姓）、同一种从业属性（农民）组成的同一个群体（龙舟队员），就这样创造了贵州体坛的一个奇迹。

2011年9月，第九届全国少数民族传统体育运动会龙舟比赛在贵

龙舟楼

阳举办。龙里村的老少爷们、姑娘媳妇们看似有点儿幽默地居然包了一辆大客车前往，他们不是去观战，而是代表贵州省男女龙舟队去参加比赛。之所以说有点儿幽默，是因为这支队伍中有的已是 60 来岁的老人，有的还是不到 18 岁的娃娃，有的是父子、夫妻，有的是母女、婆媳，明明是一个"亲友团"，却意外地组成一个参赛队，为此媒体和观众们亲切地称呼他们为"文家军"。在这次运动会上，"文家军"没让大家失望，为贵州拿下了本次龙舟赛 17 枚金牌中的 12 枚。

据说，在第九届全国少数民族传统体育运动会上，作为东道主的贵州代表队捷报频传，政府部门在喜上眉梢的同时也支付了巨额奖金，龙里村的队员每人都分到了不少的奖金。

据不完全统计，龙里"文家军"龙舟队自组建以来，先后代表贵州省参加了 6 次全国性比赛，取得了 35 金、12 银、13 铜的辉煌成绩。龙舟队员们每年从划龙舟比赛中也获得了不菲的收入，成了龙里村中的富裕群体。

沿着洁净的水泥步道信步走入村中，从前的那些破烂的旧木屋正在被一栋栋漂亮的"龙舟楼"所取代。一路上，听着姑娘、媳妇们热情的招呼和孩子们欢乐的笑声，看着悠闲地坐在自家门口晒太阳的老奶奶们慈祥的笑脸，让人仿佛置身在一个甜美而幸福的梦中……

山还是那座山，水还是那湾水，但居住在村里的人们的生活却发生了很大的变化。在没有赛事的日子里，他们虽然仍像往常一样该播种就播种、该收割就收割，但看得出他们多了一份自信与满足。一旦接到赛事的通知，他们就会立马放下手里的农活，投入紧张而艰苦的训练……

都说"山管人丁水管财"，龙里村的人们就是通过门前那条滔滔不绝的清水江，靠着祖先留给他们的坚韧与执着、智慧与默契，走上了一条既充满挑战，又充满激情的"划龙舟"奔小康之路。

MEIYINIANDE

每一年的
ZHEYITIAN
这一天

● 十月，欢喜来过年 ●

仫佬族以十月为岁首，每年农历十月第一个卯日（兔场天）是仫佬族过年的日子。仫佬族过仫佬年很隆重，杀猪，打粑粑，烤酒，杀鸡，捉鱼，热热闹闹，欢天喜地。

过仫佬年总的来讲包括四个内容：一是追念祖宗，祭奠祖宗。饭菜做好后，先在堂屋桌上摆好，供奉祖宗，老人一边祭奠，一边念念有词；二是打扫卫生，过年的头一天要做一次彻底的大扫除，屋里屋外都要打扫，包括水井也要淘干净；三是防火，除夕夜家家都要把火灭了，到大年早晨各家各户再到有威望的寨老家去包火种；四是吃喝玩乐，一家人聚在一起吃团圆饭，老人要给儿童讲故事，村寨中各户还要互相拜年或者集中到一个地方跳舞唱歌。

打保寨

仫佬年杀猪

20世纪80~90年代以后，相当多的仫佬族人不过仫佬年了，有的过仫佬年也只是打些糍粑、买些肉，敬供一下祖宗，全家在一起吃个团圆饭。有些仫佬族聚居的村寨，在过仫佬年的时候，组织一些跳舞、唱歌、赛球、赛马等文体活动。有的地方过仫佬年的习俗逐步淡化，而变为过春节。仫佬族过春节也叫过年，既与附近民族相似，又保留了过去仫佬族的一些独特的习俗。

以前仫佬年非常隆重，杀年猪、打糍粑、打保寨、淘水井，开展各种传统文体活动。后来，仫佬族才开始把春节作为一个节日来过，不过在开始时，只是简单过一下而已，不杀猪、不打粑。现在，随着社会经济文化的发展，仫佬族中过春节

打粑粑

欢度仫佬年

的气氛越来越浓烈，大有把春节作为第一大节的趋势，富裕人家一年杀两头猪（仫佬年和春节各杀一头），而条件稍差或认为没必要杀两头猪的人家，把年猪留在仫佬年来杀，春节只是买肉来过。

仫佬族过仫佬年时，都要打新糯米糍粑、酿酒、杀鸡、宰鹅、捉鱼，有的几户合伙杀一头猪，有的上街买些肉，尽量设法把年过得丰富多彩些。这一天，男女老少穿新衣、放鞭炮，喜笑颜开，热热闹闹欢度自己的节日。仫佬族在过年的时候，一般要休息一两天，亲友之间

饮食习惯

仫佬族一般以稻米为食，兼食苞谷、小米、高粱、荞麦等。年节打糯米粑，做腊肉、香肠、血豆腐，平时做盐菜。喜饮家酿米酒和苞谷酒、刺藜酒。

庆祝 2012 年仫佬年现场

庆祝 2012 年仫佬年现场

红红火火来过年

仫佬年扫寨

走访问候，互相拜年。老年人给孩子们讲故事，介绍先辈的业绩，希望子子孙孙都要尊敬祖先，热爱家乡，创造新生活。近年来，一些地方还举办各种文体活动，相当热闹。

仫佬族为什么要在这一天过年呢？相传有两方面的含义，一是仫佬族认为兔的身子洁白，他们的始祖是用兔子订婚的，选择兔场天过年，带有追念祖先，并有希望子孙后代永远保持纯洁，不做伤天害理之事之意；二是忙月过去，秋收已经结束，十月过年，具有庆丰收、感谢祖先抚育之意。所以，仫佬族在过年的时候，除了吃喝玩乐之外，还要祭祖先、祭土神、祭田神，祈求年年五谷丰登，全家老幼岁岁平安。另外，仫佬族还把仫佬年这一天视为良辰吉日，不少仫佬族青年结婚定在这天举行婚礼，不用请先生选择日期。

麻江县宣威镇基东一带的仫佬族，在这一天还要开展民族民间传统体育运动会，进行对歌、举重、赛马、拔河、斗鸟、打篮球等活动，都匀及本县群众或参与或去看热闹，规模达几万人。

过仫佬年这天还要组织群众淘水井，把村寨所有的水井淘洗得干干净净，有一些村寨还给水井贴上白瓷砖，整洁而美观，有的村寨还要组织劳力修桥补路。年后第二天，开展"打保寨"活动，每户人家交两三元钱，买些食品办生活。"打保寨"的队伍一行六人（称为师傅）带上一只鸡和一只鸭，在全寨内扫寨。这天各家各户都要对房前屋后大大整理一番，

仫佬年淘水井

进行卫生大扫除，柴草堆放整齐规范，将屋内火塘的火全部灭掉。"打保寨"的队伍走到每户人家，查看一番之后，感觉卫生合格了，就在大门侧壁上贴上黄色佛章表示合格通过。这一活动每年都进行，对寨里每一个人都起到用火安全教育的作用。

仫佬族人家居住的都是木质结构房屋，靠木柴做饭取暖。柴草如果堆放不规范，卫生工作搞不好，对火源控制和管理不到位，容易发生火灾。所以，平时生活环境要保持清洁，注意柴草堆放整齐，管理好火源，用火后要埋好，保证用火安全。"打保寨"就相当于一次卫生意识和用火安全教育，和城里搞的"119"消防宣传日有异曲同工之效。

● 撵社节里对歌忙 ●

下司镇瓮港村屯上

大风洞乡重摆村

仫佬族是一个能歌善舞的民族。在仫佬族聚居的麻江县下司镇瓮港村屯上，凯里市炉山镇的白腊村，大风洞乡的重摆村、老君寨村、都蓬村，黄平县野洞河乡的新华村等地，都有一些地名叫屯上和撵社坡。这些地方，就是仫佬族同胞跳舞唱歌的娱乐场所。

关于仫佬族的跳屯和撵社，还有一个传说：古时候仫佬族是以跳屯的方式开展娱乐活动。每年正月要从初一跳到月底，这个村寨跳一两天，又到另一个村寨跳，走到哪个村寨就在哪个村寨吃住，寨主人都要热情接待。后来认为这样做时间太长，一是浪费钱财，二是影响生产，便进行改革，改成撵社。立春五戊为春社，一般春社在农历二月中上旬。到春社那天，仫佬族同胞都要扶老携幼，穿着民族盛装聚集到撵社坡跳舞唱歌，开展娱乐活动。大家尽情玩耍一两天之后，就安安心心开始春耕。有人还编了一首歌："仫佬改跳屯，打把锄头重五斤。二月春社看撵社，看了撵社闹春耕。"直到现在撵社仍然进行，而且更为隆重。不仅跳舞唱歌，而且有斗牛、赛马、打篮球等体育活动。不仅是仫佬族，附近的其他各民族同胞也来参加活动。人数最多的时候，可达几万人。

凯里市炉山镇的白腊、大风洞乡的重摆、黄平县崇仁乡新华村的大罗等地的撵社坡，在每年的"春社"这一天仍有许多人在兴撵社活动，且与邻近其他民族同往同乐，热闹非常。黄平县崇仁乡新华村富塘寨山背后有一个叫大坪的地方，是居住在茶山、新华、代支、都兰、都蓬、都力、重摆等村仫佬族人进行跳屯、撵社的地方，邻近的苗族、汉族同胞近几十年都广泛参与，形成了一个包括有歌场、斗牛场、赛马场、篮球场等项目的百余亩的综合性场地。

重摆村一景

据说，以前上边立有房子，是"马郎房"还是祠庙不得而知。1992年，黄平县人民政府、崇仁乡人民政府、新华村村民委员会在此立了一块"五戊春社纪念碑"让人"万古继承"，碑文写道："由自明太祖开辟贵州木佬族始祖由赣入黔，本民族信仰土神，于洪武十八年立春后五戊在凯里黄平福泉三县交界的崇仁乡新

打口舌

过去仫佬族村寨盛行"打口舌"，在农历正月间进行，通常用猪蹄一个，请仫佬族师人烧香燃烛，用仫佬语念祝词进行，祈求祖宗保佑全家团结和睦，现已不甚流行。

华村大坪坡祭贺，后来木（仫）、苗、汉等民族团结聚会祭祀，如此风调雨顺，利国安民，为纪念以此传播后嗣，名流千古，特立此碑。"

相传，过去仫佬族能歌善舞，在每个仫佬寨的边上都有一个撵社坡或屯上（跳屯坪），如大罗寨边上的撵社坪、重摆寨边上的屯上、基东寨边上的"跳月坡"、瓮港寨边上的屯上等古人跳屯撵社的场址还依稀可见。近年由于仫佬族男女青年外出打工较多，所以撵社规模略有缩小。

撵社节又被称为"五戊大社歌会"，是仫佬族人展示山歌艺术的具有浓郁民族特色的盛会。节日的清晨，仫佬山寨开始沸腾起来，人

撑社节

　　仫佬族在"立春"后的第五个戊日（一般在农历二月初）过撑社节。选择一个山坡作为撑社坡，人们集中在那里开展对情歌、跳舞娱乐等活动，只用一两天的时间，把原来一个月的跳屯活动集中进行完毕。在撑社期间，各族同胞均同往同乐，非常热闹。

们穿上艳丽的服装，妙龄姑娘打扮得如花似玉，一些老人特地穿上保存多时的仫佬族服饰。他们用歌追忆天地的形成，日月星辰的变化，山川草木的起源；用歌赞颂先民的业绩；用歌赞美今天的生活；用歌憧憬美好的明天。

很久以前，新寨有个名叫宝珍的仫佬族姑娘，心灵手巧，又有一副美妙的歌喉，她的情郎也是个英俊勤劳的歌手。当地有个坏人想霸占宝珍，就把宝珍心爱的人害死了。宝珍悲愤死去。消息传开，激怒了仫佬寨所有的歌手，他们把那坏人处死后，一起聚集到新寨背后的大坪坡上，用歌声来呼唤这对聪明的歌手。这天，恰是立春后的第五个"戊"日撑社节。从此，仫佬族人便在新寨兴办起了"五戊大社歌会"。

歌会上最有风趣的莫过于对情歌了。开始时，姑娘们既兴奋又羞怯，一个个默不作声，还是小伙子们打破了沉默。

大山下的仫佬人家

云会雨，雷会风，河岸会江东。

孔雀会凤凰，鲤鱼会金龙。

有缘千里来相会，无缘对面不相逢。

……

集体对歌结束，小伙子们便分别邀请自己相中的姑娘对歌。

仫佬族青年对唱情歌，一般先唱《初相会》、《赞美歌》、《试探歌》、《盘问歌》，以相互了解。《初相会》巧妙含蓄地表达了男女青年初次相会的喜悦，男方唱：

初初来，银蹄白马会金鞍。

画眉初会金鸡伴，山伯初会祝英台。

女方唱：

溪会河，马会鞍，盘路会青山。

早知青山有好伴，包米问路也来玩。

又如《盘问歌》，男方唱：

妹歌多，郎要问妹颠倒歌。

什么颠倒去砍树？什么颠倒去挖坡？

女方毫不迟疑地答道：

郎要盘歌就盘歌，妹能答郎颠倒歌。

斧头颠倒去砍树，锄头颠倒去挖坡。

在这情趣盎然的氛围里，恋歌出自情真意切的姑娘和小伙之口，别有一番风韵。然后，接着唱《恋乐歌》，互吐爱慕情。若双方情投意合，就共同唱《丢把凭》，相互赠送爱情信物。丢了"把凭"后，便互相唱《长流歌》、《永久歌》，许下山盟海誓。夜幕悄悄笼罩下来，对对情人走出林间，唱起《分别歌》、《再会歌》，恋恋不舍地依依道别。

● 来之不易的认定节 ●

1993 年"木佬人"认定仫佬族庆祝大会

1993 年"木佬人"认定仫佬族庆祝大会

1993 年"木佬人"认定仫佬族庆祝大会刺绣纪念品

　　贵州的仫佬族，原来称为"木佬人"。从 1980 年起，经各级民委、专家学者及"木佬人"的代表十几年的调查，经贵州省人民政府批准，认定为仫佬族，于 1993 年 6 月 15 日分别在凯里、麻江及"木佬人"聚居的乡村举行隆重的民族认定庆祝仪式。在贵州省、黔东南苗族侗族自治州党政领导出席庆祝活动的凯里中心会场，仫佬族代表在发言的时候，提议将 6 月 15 日定为贵州仫佬族的一个节日，每年都要开展一些活动，代代相传。这一提议得到了来自贵州各地与会的两百多名仫佬族代表的一致赞成，热烈鼓掌通过。从此，6 月 15 日就成了贵州仫佬族的一个共同节日，定名为"贵州仫佬族认定节"。

　　为什么在"仫佬族认定节"的前面要冠以"贵州"二字？因为仫佬族不仅居住在贵州，而更多的是居住在广西。经过认真调查和反复论证，贵州的"木佬人"与广西的仫佬族族源相同，史载称谓一致（广西的仫佬族在 1952 年以前也称"木佬"）、居域相连、心理素质和风俗习惯基本相同，实

2000 年庆祝 "木佬人" 认定仫佬族七周年座谈会

际上是一个民族。早在 1952 年的时候，国家就已经认定广西的 "木佬" 为仫佬族了。贵州的仫佬族族称是民族识别中的一个遗留问题，直到 1993 年才解决。因此，6 月 15 日的仫佬族认定节，只是居住在贵州的仫佬族的认定节，不是我国仫佬族的全民族认定节。

贵州仫佬族认定节确定以后，每年在仫佬族聚居的地方都会举行不同形式、不同规模的纪念活动，有的举办文体竞赛活动，有的举行座谈会，有的组织报告会。如仫佬族聚居的凯里市大风洞乡的平良村，从 1993 年开始，连续几年都举办规模较大的文体竞赛活动，开展打篮球、跑马、斗牛、斗鸡、唱歌等比赛，仅打篮球一项，每年都有五六十个男女球队参赛。一些在一百多里外的球队，也到平良参赛。平良一年一度的仫佬族认定节纪念活动被群众称为 "仫佬会"。一到这天，群众都会自发地到平良 "看会"，相亲会友，谈天说地，唱歌娱乐，纪念仫佬族认定节。

● 以牛为伴，视牛为友 ●

居住在贵州麻江、凯里、黄平、福泉一带的仫佬族，具有独特的民族风情。视牛为友，爱牛如命，这是他们的民族传统。

与仫佬族的祖先合作最早的就是牛。传说仫佬族祖先发现牛以后，先是作为一种玩物饲养，渐而教牛帮助驮货物和耕地。他们出门劳动要把牛赶着一起走，一是做伴，二是利用牛帮助做些事情。他们在山上遇到一些牛爱吃的青草，总是要割回家来给牛吃。牛圈要修在靠家近的地方，以便能经常看到牛，保护牛。以牛为伴，久而久之，感情加深，便视牛为友。逢年过节，他们除了找些嫩草或者把谷子煮熟给牛吃之外，在敬供祖先的时候，还要拿些酒肉和香纸到牛圈门口去敬牛王菩萨。

仫佬族以牛为友，还有两条独特的习俗：一是不杀牛。他们认为牛既然成了伙伴，成了朋友，就不能杀它。有的人家养的牛老死了，也不忍心剥皮吃肉，而是把它埋掉。仫佬族同胞凡是看到有人杀牛的时候，就把手背在背后，表示自己的手已经被捆着，无法相救，消除愧疚感以求心安。二是仫佬族有个牛王节。每年农历四月八是仫佬族的牛王节。牛王节的重要活动是煮花糯米饭喂牛。这天鸡叫三遍，仫佬山寨便热闹起来了。妇女们穿戴一新，从屋檐下取下备好晾干的黄饭花，用水冲净放入盛有清新泉水的锅里煮，待水煮成黄色后，把花枝花叶拂净，将事先淘净的糯米倒入黄饭花水中浸泡。糯米浸黄后，用空饭箕滤去水，放到

牛王节

五颜六色的花米饭

甑子里蒸。蒸熟了的黄花饭晶莹透亮，其香味和黄饭花的香味一样。大多数人家是煮黄花饭，也有些人家煮红花饭、绿花饭，但黄花饭要比红绿花饭柔软，其味道也比红绿花饭鲜嫩，且富有山野清香，使人越吃越爱吃，不少文人誉之为"山野的风格"。

　　牛王节这天，仫佬山寨的耕牛都受到特殊优待，不耕地，不能被打骂。黄花糯米饭蒸熟后，先拿去喂饱耕牛，如果耕牛不爱吃，就用草包起来喂。人不能先吃，待烧香烛纸钱供奉祖先和牛王后，人们才能分享这喷香的黄花糯米饭。过去许多仫佬族人家还要在这天以鸡、鱼、肉"三牲"和黄花、南粉、木耳"三斋"敬祀"牛王菩萨"。有些人家还用枫树叶泡水给牛洗澡，给牛喝酒、刮虱，向牛撒白米。

　　这天，家家户户喜气洋洋，人们穿上古装，表演传统的"牛舞"。好客的人家总忘不了邀请至亲好友一起聚会，祝福勤劳憨厚的老牛。席间，能歌善唱的仫佬族妇女们唱起《敬牛歌》："燕子衔泥过九州，

水中斗牛

........................●
　　　　给牛过节

仫佬农家敬老牛。春夏秋冬牛辛苦，夺得丰收永无忧。"午饭后，牧
童们将彩蛋挂在牛角上，放牛上坡，一路上还唱着《放牛歌》："崽
崽娃娃会放牛，把牛赶上草坡头。搬块石头垫起坐，唱着山歌响山头。"

　　相传牛原是天帝的太子，因做错事，天帝罚他为牛，降到人间为
民耕田，从此牛便成了农家的好帮手。为了酬谢老牛，仫佬族祖先就
把太子变成牛的农历四月初八定为牛的生日。长期的农业劳动，使仫
佬族人对耕牛有着特殊的感情，牛既是农耕的主要生产工具，又是第
二生产力，仫佬族人对耕牛非常爱护，非常崇拜，以至神化。

　　在日常生活中，把耕牛当作亲人看待，精心喂好，喂饱。外出时，
先到牛厩去转转，给牛添水加料。不管天晴下雨，都忘不了扯把鲜嫩
的青草来喂牛。每当母牛生犊时，主人便煮糯米稀饭、磨豆浆喂牛。
冬季，每隔几天就要给牛喂一次用谷子煮的稀饭，使之安全过冬。尤
其是农忙季节，对耕牛更是关怀备至。过年过节，人们都要在牛厩门
口倒点儿酒，放点儿肉、鱼、蛋，甚至用竹筒给牛灌酒，让牛分享丰
收的果实。

　　定"四月八"为牛的寿辰，表达了仫佬族人对牛的敬重，寄托了
仫佬族人对"人寿年丰"，绚丽多彩的生活的向往和追求。

RENSHENGDE

人生的

XIBEI "LICHENG"

喜悲 "礼程"

● 认姓开亲 ●

　　仫佬族自古有许多自己独特的语言和风俗习惯。在历史的长河中，随着时代的发展，为适应社会发展变化，与时俱进，仫佬族的婚俗也在不断地演变。

　　本民族通婚，防外族渗入。在现存的各代家谱记载及口碑传说都公认这一点，大多都把婚姻限制在文、罗、黎、金、王、吴几个姓氏之内，互相之间祖祖辈辈互相联姻，都是老亲老戚，当时之所以这样做，主要是出于一是有利于本民族的繁衍需要，保持本民族血统的纯正；二是防外族侵入，保持本民族的凝聚力；三是怕别人看不起；四是语言有碍。封建时代，仫佬族的族长就把这种婚姻规矩严格地定了下来，违背者被视为背叛自己的民族、背叛自己的祖先，会遭到本族人的唾

不断演变的婚俗

过去，仫佬族中鲜有与邻近民族通婚的现象。现在，与汉、苗、畲、布依等族通婚逐渐增多，早婚以及姑表、姨表开亲等现象已基本消失。

黄平县岩头寨

重安江风光

弃和严厉的族规制裁。

由于这种族规的限制，过去，在一些仫佬族村寨的老辈人中，几乎找不到与外族通婚的先例。黄平重安江上游一带的仫佬族不但避免与外族通婚，而且本族内通婚也约定在几个姓氏之间。这是黄平代支、新华、茶山一带仫佬族婚姻最为显著的特点。据说代支岩头寨王、黎、金、罗四姓的祖辈在很久以前就结拜为兄弟，视为一家人，并立下规矩，后代联姻只能在上述四姓中进行，因而在岩头、罗裙等仫佬族大寨，不少仫佬族人家的神龛上同时供奉着四姓祖先的牌位。这种婚姻结构，以至几乎家家都是"亲戚"，形成了广义上的一家婚姻。据岩头村人介绍，该村80%以上的人家都有亲戚关系，不少老年人仍认为大家都是一家人的婚姻比较好。

仫佬族大多是文、罗、金、黎、王、吴这六个姓，少数人是陈、李、朱、石等姓，别的姓就更少了。所谓"同姓不婚"是指同一姓氏范围内不得开亲，文家姑娘不得嫁到文家，罗家男子不能娶罗家姑娘，不管两家相隔分支了多少代。即使不是同姓，只要是同宗（如某一家的男性过继到另一姓之后做子孙）也不能结婚。如麻江县下司镇德兴村的文、罗两姓，碧波乡仰古村的吴、王两姓等，也都从来不通婚。他们认为同姓、同宗就是同血统，如兄妹一样，不能结婚。

● "还娘头"与"不落夫家" ●

在仫佬族青年中，"还娘头"的婚姻形式过去比较普遍。这种独特的婚姻方式，现在已被废弃。

"还娘头"婚姻的做法是，如这辈中男方娶了对方家的一个姑娘做媳妇，下一辈男方家要嫁一个姑娘"还给"对方，使对方家的姑娘数目不少。如姑爹家娶了舅爷家姑娘做媳妇，下一辈以后，姑爹家同样要嫁一个姑娘"还给"舅爷家，保持舅爷家的姑娘数目不少。

古代，仫佬族青年在婚前的恋爱比较自由，实

仫佬族妇女刺绣作品

行族内婚、同姓不婚等，所有这些在历史资料中均有记载。清嘉庆年间的《黄平州志》卷十二《苗寨》载："木佬有王、黎、金、文等姓……婚姻不通媒，于通寨内共起一房，名曰马郎房，岁时跳月吹笙，任其择配，相欢先苟合而后成亲。"当时的年轻人择其对象的场所是在户外，像现在黄平县崇仁乡新华的攀社坡、麻江县宣威镇基东村的跳月坡、凯里市大风洞乡重摆村的屯上等，方式是只要双方愿意便任其交往择配，并盖有专用的"马郎房"，供相欢之用，可见当时年轻人的恋爱已有比较大的自由，恋爱双方作出决定，不以他人的意志为转移。

同时仫佬族也与其他一些少数民族一样，有"不落夫家"的习俗，只是时间不太长而已。清代田雯在《黔书上卷·风俗》中说："木佬……初娶分寝，既生子然后同处。"而

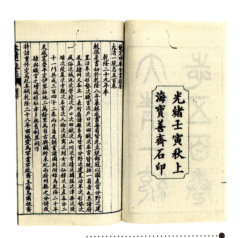

《大清一统志》书影

《黔南职方纪略》书影

在清嘉庆《大清一统志》、道光《贵阳府志》、清代罗绕典的《黔南职方纪略》卷九、檀萃的《说蛮》、光绪《水城厅采访册》等资料都有关于这一习俗的记载。

在举行结婚典礼之后，新娘并没有与新郎同房而居，而是与娘家来的伴娘和亲戚们在办完喜事后又回到娘家，一住就是一两年或到生孩子。在这一两年间，平时姑娘都在娘家参加生产劳动和生活，只是在逢年过节、农忙之时，婆家才找理由或借口来接媳妇回去小住几天，而姑娘也可以找种种理由不去，直到婆家三番五次地请人来接，不论姑娘是想去还是不想去，到这时才能依依不舍地跟着婆家的人回婆家去住，以示自己对娘家的感情和自己在娘家的身份，这种习俗在西南地区称为"不坐家"或"不落夫家"。到了清代后期，仫佬族人开始接受其他民族婚俗的一些观念，逐渐在婚嫁中请媒人做媒说合，也很少使用"马郎房"。

● "三回九转"定姻缘 ●

仫佬族婚礼

　　过去，仫佬族的婚姻多是父母包办。男青年的父母看中谁家的姑娘以后，便请媒人到女家去说亲，经女方父母同意，就把亲事定下来，到一定的时候就接亲。媒人说亲，都不是一次能说成的，即使女方父母心中感到满意，也要媒人走个"三回九转"。媒人第一次到女方家，女方父母一般会回答："远处访一访，近处想一想。"不作肯定的答复。媒人第二次去，女方父母如有同意之意，就说："不要急，儿女婚姻大事，让我再想一想。"在这种情况下，媒人还可能再走第三次、第四次，然后才能定亲。如果女方父母已经想好，决定不同意这门亲事，有的在媒人第二次去就会作明确的答复，用比较委婉的口气表示不同意。得到不同意的答复以后，多数情况下媒人就不再走第三次了，也有个别的男方家不甘心，要请媒人再走一次。

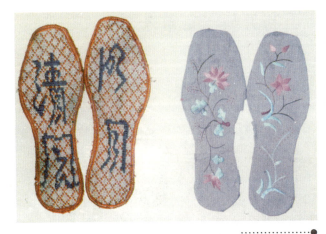

刺绣鞋垫

经过媒人三四次说亲，女家通过调查了解，同意婚事后，就通过媒人叫男家抬酒来吃"插香酒"（有的叫吃"定亲酒"）。这时，男家一般抬一只公鸡、一块猪肉、一壶酒和香、烛、纸、鞭炮等到女家，女家将抬去的礼物先供奉祖宗后，即摆宴招待来人，并请族中老人和长辈作陪，当着亲人的面许诺亲事。

　　仫佬族定婚，一般还要经过"讨八字"才算数。举行"讨八字"的仪式时，受男家聘请到女家去的人要为单数，返回时带着女方的"八字"帖子算一人，就合双数了。男家到女家"讨八字"，要抬公鸡一只、米酒一挑和猪肉、点心、糯米粑等，还要有一封鸾书（即男女定亲婚帖）。若没有鸾书，女家就不会把女子的生辰八字开给男家。另外，男家还要用红纸封装些钱和两支毛笔、两锭墨以及香、纸、烛等送给开女方"八字"的先生。女方经过"讨八字"定婚后，很少有毁掉婚约的。

　　到 20 世纪 60 年代以后，出现一部分青年通过谈情说爱建立感情，并取得父母同意，再请媒说合的婚姻。青年男女同意，双方父母满意，这应该说是一种传统与现代方式相结合的婚姻。

● 新婚之夜歌声长 ●

　　仫佬族的婚礼一直在不断演变。接亲、送亲是仫佬族流传很久的婚俗。即通过媒人说合定亲以后，男家择好良辰吉日，请人到女家送信。到结婚的头一天，男家备办一些酒肉、衣物、粑粑和糖果等彩礼到女家。到结婚那天，女家的亲属（一般是新娘的兄弟姐妹、姑父母和叔伯父母等）要把新娘送到男家，送亲的人被男家称为"送亲客"，到男家是座上宾，送亲客一般是四人、六人或八人，也有十几人、二十多人的，要双数表示成双成对，不要单数。送亲客到男家要住两个晚上，男家要请一些会陪客的人来陪送亲客喝酒、唱歌。

拜堂成亲

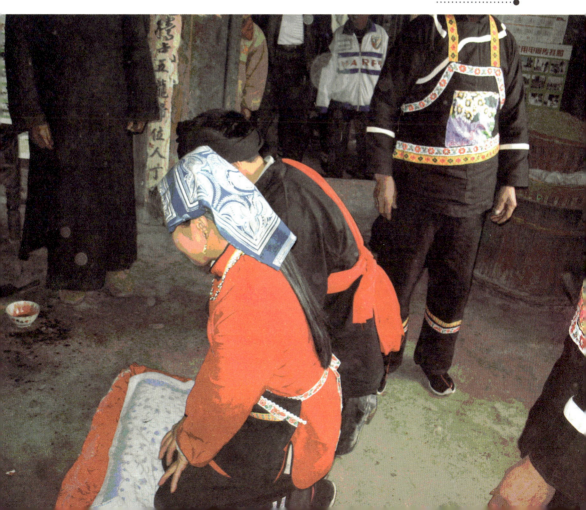

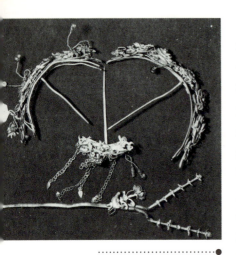

仫佬族妇女头饰

仫佬族围腰牌

　　女子在出阁之夜，必须哭泣，若不哭泣，则被视为"心肠硬"、"不懂礼"，会遭到家人、亲朋好友的谴责。在新娘步行到男家的那天，男家要请一个妇女用竹篮盛些酒饭和菜肴以及香蜡纸烛朝新娘要来的方向走去，凡遇上路旁有土地庙，就烧点儿香纸，供奉点儿酒肉饭菜，请求菩萨保佑新娘清吉平安，一直要碰见新娘来后才回转。新娘走到离男家三五十米的时候要停步，用伞遮面，男家组织一些人站在路边的高处，抓些细沙子从新娘的头上撒过，一些细沙子掉落在新娘的红伞上，叫做"退喜神"，以示同外家的神分开了。撒沙的习俗后改用撒米来代替。在新娘准备进男家屋门的时候，男家老小都要回避，进家后才能见面，意思是媳妇未进男家门，还未成男家的人，如先见面今后将会不团结、不和睦。

　　新娘在送亲客的陪同下，由男家请两名妇女将新娘拉进门，并请人唱歌迎接客人的到来。新婚之夜，新娘不入洞房（现已改变），而是与送亲客一道坐在堂屋里听唱歌，多数是唱一些喜庆歌、祝福歌，主要是祝贺新婚夫妇幸福快乐，也有唱古歌的。一些年轻人唱到合心的时候，也会唱情歌，至少唱一个通宵，有的要唱三天三夜。送亲客在男家住的时候，新娘晚上都是和送亲客住在一起，送亲客走的时候，新娘要与送亲客一起回娘家。新娘回到娘家住三天或者到第二年春节后，新郎去接回，新娘新郎才正式同居。

● 去世"击牙"安心走 ●

　　仫佬族的丧葬，自古以来都是木棺土葬，只是在葬礼形式上有所改变。从前，仫佬族老人快要去世的时候，要搬到堂屋落气，如果老人的牙齿全部未掉，必须敲掉一颗。牙齿敲掉后，将牙丢掉，不能带进棺木之中。黄平县崇仁乡新华村大罗的王明章老人说他就亲眼见过此场面，凯里龙场镇虎庄村金姓在迁移一所祖坟时，外族人发现死者的牙齿刚好少一颗，就在墓中极力寻找，后来金家老人解释原委后，大家才明白其中缘由。

　　仫佬族的"击牙"习俗，实际上是贵州西南地区古代"濮僚人"的习俗，过去贵州仫佬族都有此习俗，原来在结婚时要击掉女子的一颗牙，理由是防止其伤害丈夫家人。后来受外来文化的影响自觉地改变了此习俗，结婚时，不再敲掉女子的一颗牙，只是对高龄且儿孙满堂的全齿死者才行此习俗。仫佬族认为，生老病死是自然规律，不得违反。人老死是正常的，人未老而死是不正常的。所谓老，与死是互为因果关系的。老了牙要掉，死了才安心进入阴曹地府。牙不掉则人未老，说明他还不该死，会牵挂后辈。牙齐之人敲掉一颗牙，他就是老人了，可以安心离去，不会再牵挂后辈子孙了。

下司镇村寨风光

● 净身开路送亡灵 ●

　　老人去世后，子孙在堂屋设灵堂，男左女右守灵，趁老人的嘴还没有变硬时，喂上三口酒，然后马上用一块硬币含口，过去用大洋、银元，现在改用一元硬币，装棺时取出。为什么要这样呢？仫佬族认为，人死后到了阴间也是要用钱的，除了准备酒，还要带钱去花。把这些准备好以后，还要用柏枝烧水给老人沐浴净身，穿上新衣服，数量不等。

　　尸体的停放则同时存在两种方式，一种是横大梁停放，另一种是顺大梁停放。即以仫佬族农村盖房的中间堂屋顶上的大梁为准，大多数人家是垂直于梁的方向，死者脚蹬大门，头顶香火（神龛），而在麻江县下司镇回龙村罗姓及宣威镇瓮袍村黄土寨罗姓则是顺着大梁停放，与房屋平行方向放。男女性别也有讲究，以人站在堂屋，面向大门论，男性死者，头在左，脚在右，女性死者头在右，脚在左。他们为什么行此风俗？罗姓子孙说，他们的祖先向来如此，前人兴，后人跟，谁也没有去问个究竟。

　　在治丧期间，要请仫佬族"道士"来开路。在明清以前，开仫佬路，用仫佬语念，仫佬族"道士"手提大马刀，用一条狗或一个猪头、一

下司镇翁把朗风光

只鸡为死者开路。仫佬族"道士"要念一天一夜的经，内容大概是送老人返回他来的地方，从寨子里开始送行，途中经过果园、树林、溪水、蛤蟆林、独木桥，有福桥上过，无福水上漂等，后来吸收儒家道教文化，念诵《目连救母》、《游十殿》等民间故事。

　　用狗开路也是仫佬族特有的风俗。他们认为祖先在寻找家园的过程中，用狗带路（狗是最记得路的动物），所以现在也应用狗来为死者开路。当然，这个风俗现在大多已经改变，都是请阴阳先生开路，不再是仫佬族"道士"，改用猪上祭，不再杀狗开路。开路活动中，还要写一张路条（票）注明死者的生辰与死亡的年月。一系列悼念活动完成后，即可入土安葬，上山的过程中要撒买路钱，即把纸钱（冥币）丢在地上以示为死者买路。

《游十殿》书影

● 墓地风水佑子孙 ●

　　在墓地的选择上，从古至今都是选择入地葬。地点的确定上，古代是实行家族公墓制，各辈死者先后不一，但都要葬于一处，清嘉靖《贵州通志卷三·风俗》说："木佬……死则虽先后异也，男女必辟葬一处。"现在一般都请阴阳先生看风水、看龙脉，用罗盘确定坐什么山朝哪个方向。若某家出了什么意外事故，许多时候都追究于某座墓地的选择，某家人的子孙做了大官，发了大财，出了大学问家，也都说依傍于某所祖坟，可见选择理想的墓地，是其子孙想获得先辈庇佑的途径，他们不仅以此告慰亡者，同时也于此关照后人。对于死者所葬之地与生者成败进退的联系，人们虽然深信不疑，但也不能做出一个令人信服的解释。

　　仫佬族各个家族都有自己的"祖坟地"，同一家族者多葬于一处，但非正常死亡和年少死亡者，于野外用木棺从简埋葬；因麻风病死亡者，于野外焚化速葬。

亡者上山安葬，当即由"道士"用一个猪头、一只公鸡和米酒等先祭死者，进行"招龙"。在"招龙"活动结束后，由孝子抱公鸡回家，意即将死者的灵魂引回家中，由"道士"先生念经安灵位，请亡者上神龛，进行供奉，使得亡者在天之灵得以安息。

葬后第三天，丧家子女、家族和重要亲友备酒、肉、糖、鱼、饭等祭品，上坟祭祀，添土整墓，即"复山"。清乾隆《贵州通志》卷七载："木老所在，多王、黎、金、文等姓……父母死有丧服而无衰经，长子居家四十九日而不洗濯，步不逾户，期满延巫祝荐，名曰放鬼，乃出门。长子贫不守，必长孙或次子代之。"

如果是孕妇、产妇或儿童死亡，要埋在深冲冷洼很少有人去到的地方。人死了停尸在家的时候，在门前要搭上晒席，以示家有丧事。高寿老人去世，葬礼自然会比较隆重，女婿或近亲都要猪羊上祭，请唢呐送葬。有的富裕人家，仅唢呐就多达七八拨或十几拨。请酒开席的时候，不管每拨唢呐是两人或四人，都要单开一桌席，吹唢呐的人吃不完就包着走。

20世纪初叶开始，仫佬族的丧葬习俗有所改变。多改为守灵7天或3天，期满，由家族或至亲请去吃餐饭后，即可进行正常生产、生活。葬期或满三年立碑，逢清明节上山扫墓。

层峦叠嶂

SHILIBAILI
十里百里
JIESUISU
皆随俗

● 一首花歌一片情 ●

打小就出生和生活在仫佬族民歌的海洋里，我的骨子里多多少少也渗透着仫佬族民歌的血液，可是却与唱仫佬族民歌无缘，我在该唱情歌的年龄为了读书而放弃了唱歌，在该唱酒歌的年纪也因为工作生活环境的差异而错失了机会。不得不说，这是我今生的一个遗憾。

尽管这样，我对家乡民歌的依恋并没有因为时光的流逝和年华的老去而淡忘，相反的，却总是不断寻找机会去欣赏和收集那些散发着山间泥土芳香且令人荡气回肠的歌。

家乡的人们喜欢唱歌，不仅婚嫁喜庆、逢年过节时唱，而且生产劳动、招待客人、闲暇休息、谈情说爱时唱，甚至在丧葬悲哀时也以歌代哭，倾吐衷情。这一习俗的形成，可能是因为历史上我们没有自己的

民族文字的缘故。由于没有文字，只能以歌记载历史、传播知识，因为民歌朗朗上口，容易记忆，所以才形成以歌代言，沟通感情，以歌论事，扬善惩恶、以歌传知，比睿斗智的习俗，并通过口口相传，不断创新和发展，形成了浩如烟海的民歌。

家乡的民歌主要以山歌、酒歌两大类为主，以儿童唱的儿歌、祭祀唱的古歌、丧葬唱的孝歌为辅。

山歌，顾名思义就是在山野唱的歌，主要是情歌，又叫"花歌"，是20世纪80年代之前仫佬族青年男女相识、相知、相爱的一种主要沟通方式。过去，仫佬族"同姓不婚，异姓不共食"（清道光《贵阳府志》），男女青年之间认识、交往的范围较窄，机会不多，只有在一年一度的擤社节（每年立春后的第五个戊日）、四月八"花米饭节"等歌会活动中通过对歌的方式来相互认识、沟通和了解。情歌感情真挚、内容丰富，一般由初会歌、试探歌、订情歌、深情歌、留凭（信物）歌、发誓歌以及分离歌、失恋歌等组成。现举几首如下。

初会歌：

　　　　扯根葛藤惊动坡，抬网打鱼惊动河。
　　　　唱首山歌惊动妹，一心惊动妹唱歌。
　　　　鱼在河中鱼摆鳃，花在平河两岸开。
　　　　问花有主花无主，花你无主哥来挨？
　　　　江边杨柳十二排，排排杨柳花正开。
　　　　风没嫌弃风来摆，哥没嫌弃哥来挨。

订情歌：

　　　　打破花碗砌花街，砌条花路等哥来。
　　　　十年不来十年等，再不移花别处栽。
　　　　哥说要来就要来，双脚踏过九层岩。
　　　　麻秆搭桥哥也走，为妹生死哥要来。

深情歌：

　　　　跟哥坐在枇杷根，枇杷好吃籽难吞。
　　　　枇杷好吃难吞籽，想要离哥难起身。
　　　　哥有心来妹有心，不怕山高水又深。
　　　　山高也有盘山道，水深也有渡船人。

发誓歌:

生不丢来死不丢，山王庙里砍鸡头。

鸡头落在石板上，石板开花哥才丢。

有心爬树不怕高，有心连哥不怕刀。

钢刀当作板凳坐，链子当着裹脚包。

生要联来死要联，千变万化不分离。

你变磨子团团转，我变磨心坐中间。

你变鲤鱼河中坐，我变老蛙站船边。

你变蚊子飞房上，我变蜘蛛网屋檐。

你变蜜蜂树上住，我变葛藤缠树尖。

葛藤缠尖又缠树，一直缠到一百年。

哪人九十七岁死，奈何桥上等三年。

　　家乡的山歌基本上是"凡音之起，由心而生"，具有紧贴生活，主题突出，想象丰富，形象鲜明，感情真挚的特点，有时比较委婉含蓄，有时又直抒胸臆，大胆直接，此其一。其二，歌词短小精悍，通俗易懂，句式整齐，比较押韵，基本上是七字一句，四句一首，当然也有六句、七句，甚至十多句一首的，但不是很多。其三，善于运用比兴、夸张、重复等艺术手法，以渲染气氛，突出主题，显得非常生动活泼。

　　过去，祖先们都用仫佬语来唱，但随着仫佬语的渐渐消失，自19世纪晚期起基本都用汉语来唱了。据老辈人说，家乡的仫佬歌曲调以前有"大海腔"、"过山调"、"清音调"等几种，就是一首歌词可以用几种曲调来唱，现在大家只会唱"清音调"了，因为"清音调"曲调简单，不用伴奏，并且轻松、优雅、动听，特别适合假声演唱，非常悦耳。

　　家乡的酒歌主要是礼俗歌，范围非常广泛，按唱歌的场合分，有满月酒歌、扶花歌、盘花歌、讨花歌、送亲歌、接亲歌、祝寿歌、立房歌等；按歌词的内容分，有苦情歌、劝世歌、敬酒歌、抬爱歌、荷包歌、钥匙歌、铺床歌、友情歌、盘问歌、祝愿歌等。下面是立新房时所唱的两首祝愿歌：

　　第一首：

太阳出来照山冈，照见主家起新房。

主家房子起得好，紫微高照状元房。

仫佬族老人唱山歌

前有桃花配吊柳，后有芳草配兰香。
门口有棵摇钱树，金银财宝滚进房。
双龙进家来献宝，子子孙孙进学堂。
又有文来又有武，万国九州把名扬。

第二首：

太阳出来照山谷，照见主家起新屋。
主家房子起得好，紫微高照状元屋。
前有千狮配百象，后有百鸟配花木。
门口有棵摇钱树，金银财宝滚进屋。
双龙进家来献宝，子子孙孙把书读。
又有文来又有武，万国九州把名出。

这两首歌实际上是一首"鸳鸯歌"。所谓"鸳鸯歌"就是内容基本相近，并且相互对应，只是韵脚不同。这种表现形式在家乡的民歌中特别多。下面是两首劝世歌：

第一首：

　　人生一世草一苑，乌怕弯弓鱼怕钩。

　　为人在世想富贵，酒色财气难得丢。

　　手摸胸膛想一想，银钱还是祸根由。

　　劝君莫把贪官做，一无烦恼二无忧。

　　鸡蛋鸭蛋要看淡，和和平平过春秋。

第二首：

　　干柴生柴都要挑，穷人富人都要交。

　　人生好比三节草，一节矮来一节高。

　　哪个穷人穷到老，哪个富人富终朝。

　　满天乌云也会散，洪水滔天也会消。

　　人在世间要宽想，人走时运马走膘。

迎来送往的敬酒歌：

　　手拿金杯满满斟，唱歌端酒敬客人。

　　劝人吃酒心有意，劝人唱歌讲人情。

　　好酒多喝精神爽，好歌多唱暖人心。

　　斟酒敬客敬双杯，酒到面前不能推。

　　酒到面前不客气，谁讲客气喝三杯。

　　这不，你一首，我一首，你唱我喝，我唱你喝，唱去唱来，好像都有点晕乎乎的了……

　　唱山歌有专门的节日——黑塘正月山歌会。每逢正月初一至初三，在离重安代支仫佬族聚居的岩头寨不远的黑塘举行。人们会成群结队来到这里，小伙子和姑娘们对山歌，好不热闹。

　　关于它的来历，有一段小小的故事。离黑塘不远有个叫烂懂告的小村庄。有年大年初一，村上有几

敬酒要唱敬酒歌

个小伙子到平良去，来到黑塘，恰好有几个姑娘在这里玩耍，他们经过搭话后，知道都是仫佬族人，便按仫佬族礼节对起歌来，一直对了几个小时都不分胜负，因为时间不早，他们就约定第二天继续来对。就这样一直对了三天都不分胜负，因此约定第二年又来对。小伙子回村后，便把这事传开了，一传十、十传百，人们都知道了这件事情。

到了第二年的正月初一，人们都来这里听小伙子和姑娘们对歌。又对了三天，无形中又增加了不少对歌的小伙子和姑娘。他们暗中约定每年初一到初三来这里对歌。渐渐地，就形成了一年一度的"黑塘正月山歌会"。

20世纪80年代，在麻江县还能听到仫佬族老人用仫佬语唱歌，如：

> 勾乱棉算公算翁乱叙（吃口凉水凉阴阴），
> 勾利来富来丢义（吃个辣子辣到心）。
> 勾利丽娃当拿当黑（吃个黄瓜两头苦），
> 虫你当丢拿乜月（从小苦到这如今）。
> 孕毛主席来末补丢（有毛主席来领导），
> 枝绕千阿便莫来拉（我们农民翻了身）。

而现代仫佬族民歌则有富于诗意、反映时代心声、憧憬未来生活、教育人的特点。基东仫佬族妇女在仫佬年之夜触景生情，一张口便唱：

> 仫佬生在高山坡，
> 仫佬妇女爱唱歌。
> 爱唱社会主义好，
> 唱得幸福乐满坡。

这首歌，表达了人们对今天幸福生活的喜悦。最后他们唱"开辟田地仫佬坡，开辟田地映江河，仫佬老人有志气，教得子孙武艺多，人口达到三五千，创造仫佬好山河，请嘛上级来指导，年年丰收喜罗罗。"

在基东过仫佬年时，几位农家妇女竟唱得"醉歌"飘然，忘记一切。在黄平县崇仁乡新华村富塘寨罗肇华家做客时，当我们问及开发野洞河漂流旅游项目对生活产生什么影响时，主人飞泻而出一首《唱给野洞河》，唱得客人大声鼓掌。

> 重安江上野洞河，河水哗哗响山坡。
> 自从盘古开天地，山川秀丽水温和。
> 前人不识山河美，常见乌龟河里梭（游走）。

野洞河一景

猴子悬崖翻跟斗，射香羚羊攀岩脚。
夏日村民砍柴火，轮胎滚滚水面波。
渔人河边去张网，有鱼无鱼笑呵呵。
流到一九九九岁，世仁才把书来说。
野洞山河风景秀，神奇佳境世界博。
清清河水好游泳，观山赏水有琢磨。
盘龙石上观流水，蛟龙谢珠口内落。
螃蟹洞中无人住，飞岩瀑布百米多。
天生一个仙桥洞，无限风光赛银河。
乡里组织探险队，县长亲自来探索。
州长省长亲赴驾，传经送宝到山坡。
从此铺起富裕路，旅游花开幸福多。
感谢各级好领导，山沟变成金银窝。
没是哪人在说假，任君漂流野洞河。
本是真嘛老幼们！
没是哪人在说假，任君漂流野洞河。

仫佬族同胞常常以歌代话，交流思想、感情，仫佬族民间流传"只

有唱歌准得话，哪有讲话会得歌"之说。总的说来，仫佬族民歌歌词
所表达的内容很丰富，有喜悦，有悲伤，有激情，有感叹，有赞美，
有鞭策，有期盼，有祝福……仫佬族民歌的歌词，既反映了一般民歌
通俗、生动，有浓郁的乡土气息和生活韵味之特点，又反映出仫佬族
同胞热情好客、勤劳朴实、宽厚待人、讲情讲义的性格特征，还传播
了许多生产、生活知识和民族历史。

> 你在东来我在西，老天作合闯今天。
>
> 要学桃园三结义，没学阳雀叫半年。
>
> 酒肉兄弟暂时好，真心朋友管万年。
>
> 金竹马鞭牵过河，栽棵白果配芍药。
>
> 你有情来我有义，洪水朝天冲不脱。

为人处事，讲公平、讲和气，唱歌唱出人们不伤天害理、和和气
气做人的心声：

> 为人处事要公平，没要起心害别人。
>
> 起心害人终害己，灯蛾扑火自烧身。

黄平风光

成长起来的仫佬山区人才

为人在世讲友情，和和气气过光阴。

为师和气多子弟，为官和气得民心。

为商和气顾客广，为农和气五谷丰。

你和气来我和气，和气生财喜盈门。

仫佬族在贵州的人口虽然不多，但历史悠久，对于开发贵州、建设贵州，作出了积极的贡献。如今，仫佬族人民过上了好日子，但是，他们还要继续奋斗，创造更好的未来。

增产好比摇钱树，节约是个宝葫芦。

增产拿来修电站，节约拿来买书读。

多读诗书有文化，掌握科学和技术。

社会主义光明路，要为子孙多造福。

我们广东打工来，金色手表黑皮鞋。

改革开放政策好，又学技术又发财。

两年挣得几万块，回到家乡把树栽。

开办林场大发展，日子越过越宽怀。

仫佬族民歌还有许多排歌、猜歌、正十字倒十字歌，现各举一首作例。

排歌：

正月里来正月正，二月春社闹春耕。
三月清明要下种，四月芒种开秧门。
五月端阳包粽子，六月灌水浇秧根。
七月中元焚香纸，八月十五月更明。

猜歌：

一猜天上多少星？二猜地上多少人？
三猜筛子多少眼？四猜牛毛多少根？
五猜哪个分天地？六猜是谁定乾坤？

正十字倒十字歌：

唱个一字在开头，缺吃少穿很发愁。
别人问你愁哪样，世道不好眼泪流。
唱个二字靠一排，父母早亡当寡崽。
无依无靠才讨饭，人穷志薄命带来。
唱了二字就唱三，半生不娶在打单。
一来是因人才丑，二来是因家贫寒。
唱四三口气不出，好比深山独树木。
好像山中独树子，有人爱砍无人蓄。
五字平头又弯腰，不比土头一笃椒。
本想成熟早结子，椒树不得桃树高。
唱个六字两脚张，人生少吃缺衣裳。
脚无寸土头无瓦，常把岩洞当家乡。
唱个七芋一勾针，抬枪打鸟混光阴。
三天家中无餐饭，全靠讨饭来养人。
唱个八字两边排，漆树傍着家门栽。
人人嫌门栽漆树，栽了漆树无人挨。
唱个九字往后勾，提及安家好害羞。
人不人来鬼不鬼，脸大不如二指头。
唱到十字又掉头，时穷时富志不由。

眼看门对千竹子，富贵家藏万卷书。

唱十例九又回来，富贵荣华应该歪。

光荣门第应该享，子孙常站幸福台。

例唱八字两边分，少打簸箕多打升。

左打簸箕簸出去，右打筛子筛进门。

倒唱七字热芒芒，庄稼成熟渐渐黄。

天家不责勤劳汉，人生世间自有方。

例唱六字绿茵茵，贵堂香火对大门。

八阁楼宽能跑马，四合亭院像座城。

例个五字要抬头，由穷变富再不愁。

单身配偶鸳鸯叫，人发畜旺雄赳赳。

例唱四字喜洋洋，银满柜子谷满仓。

生意兴隆通四海，财源茂盛达三江。

例唱三字笑嘻嘻，花好月圆人世间。

父子公孙三吉利，同堂夫妻百岁齐。

例唱二字一样平，早亡双亲锤炼人。

三穷三富不到老，十磨九难炼真金。

例唱一字就算完，贫穷难压钢铁汉。

节衣缩食勤劳动，金银财宝千千万。

　　家乡的民歌，是家乡的人们代代相传、不断创作、不断发展、不断丰富的群众集体智慧的结晶，既凝聚着家乡人民古往今来的悲欢离合、喜怒哀乐的真实情感，又反映了同胞们热情好客、勤劳朴实、宽厚待人的精神风貌。

● 敲起花棍舞起来 ●

仫佬族青少年舞蹈

翩翩起舞

唢呐演奏

据清代民国史料，仫佬族在逢年过节"歌舞为欢"，这一记载说明古代仫佬族民间舞蹈是值得记一笔的。至于舞姿和舞步，这是个难以推定的问题。据有关专家考证，跳舞在早期社会里，是男女青年社交活动的主要形式之一。西南民族的跳舞集会，正是青年们择偶的时节。至于丧葬活动中，亦有以跳舞形式寄托哀思的。初期的群舞，多为有规则的体操式跳舞。即跳舞者围成一个圆圈，在统一的指挥下进行同一的动作。西南各民族的舞蹈形式大约有四种，一是"绕舞"，即一人或数人以足左右绕间，踏地叩响即为音乐而舞；二是"对舞"，即双人舞，或互为搭足，互为背负，极为有趣；三是"跳舞"，即双足顺前奔跑，足向前直伸；四为"滚舞"，即边吹短笙，边以身滚地起舞。

据仫佬族老人回忆，20世纪初仍流行于仫佬族民间的舞蹈主要是"体操式"的舞蹈，在屯上，用花棍（民间乐器）打起节奏，舞者迈着规则的步伐，跳出"五角星"、"穿花阵"等舞蹈节目。仫佬族民间原来在月亮当空时，青年人聚于户外场地，跳"踩月舞"，手拉手，围成圈子，正方向反方向跳。

仫佬族民间早些时候，在治丧活动中，兴跳"粑槽舞"，即中间放上一个粑槽，四个男子各人手握一根木棍，站成四个角，用棍去敲打粑槽或四根木棍之间互碰，碰出的声音加上打击木鼓之声组成"交响乐"，人们随着这一节奏起舞。

至于古代仫佬族舞蹈时伴奏的乐器，清代田雯《黔书上卷·风俗》说"仫佬……遇节则鼓歌迎祭"。清嘉庆《大清一统志》载"木佬……遇节则击鼓"。嘉庆年间的《黄平州志》也说"木佬……岁时跳月吹笙"。在其他史料中，也都有仫佬族在古代以鼓、笙为乐器的记载。事实上，原始乐器的发展，分为三

在建中的下寨仫佬族芦笙场

个阶段，即鼓、笛、弦。贵州各民族中，鼓是普遍存在的，他们都用鼓为跳舞的拍子及一切集合的号令。古代的贵州仫佬族亦不例外。而从上面史志记录可知，在仫佬族古代民间，笙作为一种乐器，在民间文艺活动中也曾扮演了一种重要的角色。可惜的是，近现代的仫佬族并未曾见过他们的祖先吹奏的芦笙是什么式样，吹什么曲调就更已成为历史了。

在仫佬族民间，一直到近现代，"棍"在其文艺活动中仍发挥作用。民国时期，在凯里、黄平地区的仫佬族喜欢"打花棍"，其乐器制作是将一根1.3米左右长度的竹子中间的节掏空，将小铜钱用线串联起来放进竹筒里相对固定，筒的两头系上红丝线等饰物。使用时，只要挥动手中的"花棍"或用它打击脚背、肩、地等处，发出有节奏的响声，人们就可随着节拍跳舞或唱歌了。在麻江"白头仫佬"住区，则主要是使用一根约1.6米长的木棍，将之握于手中，互相打击发出声音来实现节拍的控制。

基东小学的学生表演仫佬族舞蹈

● 龙凤花草身上穿 ●

仫佬族妇女服饰上的绣花

刺绣枕巾

仫佬族服装的制作

过去，仫佬族人多自己种棉花、纺织、染色、缝制衣服，有的还养蚕、缫丝、做丝线绣花、织丝帕等，多数家庭有织布机和蓝靛染缸。现在多从集市购买服装。

仫佬族妇女装是由头饰、上衣、下装、围腰、兜肚、银饰等组成。妇女头绾大髻，成团形于脑后，银簪由右向左穿过发髻，将发髻别牢。有少数姑娘除绾髻外，还在发髻上插花。其花有自然生长的野花，亦有手扎绒花。佩戴耳环，为银质圆圈形，有的耳圈配银缀，银缀呈梅花形，亦有其他形状。妇女身着蓝布衫，款式为父母装，大襟右衽，衣长齐膝。衣有领，领下沿肩四周至大衣片右腋下，有黑色镶边，无绣花。黑色镶边宽约8厘米，由两条粗黑线和三条细黑线排列组成。即近领处是一条粗黑线，间隔1厘米，是一条细黑线，再间隔是一条同样粗的黑线，再间隔是同样细的两条黑线。在袖口处也有同样的粗、细黑线排列组成的镶边。下装穿长裤，只在裤脚口处有与袖口同样排列组成的黑色镶边。

脚穿绣花尖口布鞋，腰系黛青色围腰，围腰的长以遮没膝盖为宜。围腰是由两块黛青色土布拼成，在拼好的围腰中缝嵌有一条红色的线条。围腰下摆是0.3米宽的花边，花边由红、黄、绿三色相间的丝线绣成二方连续图案，以红色为主调，图案排列以中缝红线为轴，左右对称。每个单独纹样为方形纹样，每个方形纹样中又有许多小方格纹，每个小方格中有"卐"字和回纹形图案。四个方形纹样由边框纹样串成连续纹样，边框纹样是由圆形花纹组成。

围腰外系半圆形的兜肚。凯里市大风洞乡重摆村黎桂品家收藏其母亲的兜肚宽约 0.2 米，长 0.4 米，红色绒布做成，双层呈口袋状，可以装针线等什物。兜肚上边镶有五分宽的蓝花包边，无刺绣花纹，只是在兜的两头系带处，镶有用蓝包布剪成的如意形花边。在兜肚的中央绣有三朵绿叶荷花，红色绒布底衬托白色荷花更显得高雅。三朵荷花的中央是叶子，根据对古代荷花图案研究的有关资料表明，妇女身上戴着这种花纹的兜肚，是一种生殖繁衍的象征，预示着多子（莲子）多福。

黄平县重安江镇代支村罗家琪家珍藏有一件古装，这件古装最大的特点是，衣不开襟，领不开圆洞，不上领片，仅在颈部留约 3 厘米宽一条长口，就是领子了，是典型的贯首衣。仅在颈后中央订有约 5 厘米长的一根领带，作挂"蓬猛"之用。"蓬猛"是一句仫佬语，是指"背壳"，"背壳"是用一块宽 0.3 米的方布，绣上一个大方印，做成的精致背包，背在背上，既美观，又有别于其他民族。穿用时，从头罩下。

约在百年前，仫佬族成年女性戴耳坠、项链、手圈、手镯、胸围银链。已婚女绾网髻，扎银针，别玉簪，

麻江县复兴村近代仫佬族妇女服饰

麻江县复兴村近代仫佬族妇女服饰（局部）

麻江县复兴村近代仫佬族妇女服饰（局部）

古代仫佬族服饰

仫佬族妇女用的背带

仫佬族妇女头饰

仫佬族扳尖鞋

丝帕包头，耳垂灰环。也有的妇女颈部戴玻璃珠链和细银丝项链，项链全由细银丝扣相连而成，无银花银牌，长约 1.6 米，中部有一根银锁形牌，牌上有钻花，花纹为龙凤、花草，意指"福贵"在家。手腕戴扭丝银手镯，也有戴银戒指的。

民国以后，仫佬族的服饰已经改变，多数男子穿对襟短衫，与邻近民族略同。女子则上穿大襟衣，下穿大裤子，衣领、袖边、裤脚都绣有约 3 厘米宽的花边。腰系花围腰，围腰上端绣有别致的花样，中间有两根约 6 厘米宽的飘带，带的尖端呈三角形，仍绣有花并配上约 9 厘米长的花须。围腰周围，绣上花边，素雅大方，极为美观。衣料颜色，一般蓝色为多。妇女的鞋是两面并做，钩头两面，前部绣花，剪刀口。

现在的妇女服装，镶边"栏杆"、袖口和裤脚都已改变，镶边简单，袖口缩小。总的看来，现在仫佬族的服饰特色已逐渐淡化，银器也无明显特色，只有少数中老年妇女穿自家织的土布衣服，一部分人家在女儿出嫁时，送上一套自家织造的土布衣服，以体现新娘的勤劳和心灵手巧。

撒粑送梁盖新房

仫佬族祖先的住房，在古代有"依树积木"的记载，傍着大一点的树干，搭起木架子，便成了他们的家居之处。由于受生产力水平的限制，仫佬族家庭内的陈设比较简单。明代田汝成《边行纪闻·蛮夷》中介绍："木佬，其俗与仡佬略同，掘地为炉，厝火环卧，不施被席，以牛衣籍之。"清代李宗昉《黔记》卷三说："木佬苗有王、黎、金、文等姓，散居各府县。冬则掘地为炉，卧牛羊皮，席无衾褥。"《百苗图》载："木佬……冬则掘地为炉火，卧以牛羊皮，无被盖。"

仫佬族民居

现在，仫佬族人家基本上都盖起了高大的木结构瓦房，茅草房已经彻底消失，条件较好的人家修砖混结构的钢筋混凝土住房，外贴瓷砖。仫佬族人的住房条件大为改善。

现代仫佬族居住特点，一般是一姓一寨或数姓一寨聚居，多住在山区或半山区，一般是靠山傍水建立村落。山岭绵延起伏，峭壁奇峰，风景引人入胜，盛产煤、磷、铁、硫黄等矿产的群山之间有田坝，田坝中间有河流穿行其间，灌溉肥沃的良田。村寨周围一般都栽有果树翠竹，尤其喜欢种石榴树，有些村寨古树参天、竹林葱翠，有些村寨栽有杉、松、梓木和映山红，把仫佬族人家掩映在竹木葱茏之中。

仫佬族民居

现代仫佬族的住房建筑形式，一般是一栋三间木屋，一楼一底。有的

仫佬族民居

人家在三间之侧建一间"偏厦"作厨房，在正房两侧建厢房和仓库，经济条件稍差的人家不建仓库，而是把粮食散装存放于正房之内；无条件修厢房的，在外面盖泥墙草顶的厩房，与人住的正房分立，厕所则都建在厩房之侧或正房后面。正房中央一间设堂屋，不住人，不隔楼层。一些条件较好的人家靠屋顶隔天楼，目的是为了不让屋顶上的灰尘等物撒漏下来和整洁美观的效果。堂屋后面分出的一小间房，称为道巷，因为阴凉通气，常常被用作存放腌菜坛子。堂屋两侧一般被分别隔成两间，前一间设火塘，过去烧柴树蔸、木炭，现在大多数人家都在此装上铁炉子改烧煤炭，平时吃饭、会客等活动便在此进行；后一间作卧室。仫佬族的堂屋二间的正前方设神龛和祖宗牌位，专作祭祀和举行盛大活动之用。在堂屋聚会时，辈分较小和年幼之人不能坐在堂屋的正上方，否则会被认为是没有家教和不懂规矩。

仫佬族建房开工要举行驾马仪式。先要请有建房架木技术的木匠师傅，然后主人对祖宗牌位烧香点烛予以通报，再摆上两个木马，架上一根木柱，木匠砍上几斧，推上几刨，表示已于吉日开工，然后请大家入席喝酒以示祝贺，相当于奠基的意思。

在立房的时候，要请立房酒。这一天，母舅家或其他至亲要送大梁（即堂屋中间的主横梁），有的人家还附带送看梁（即大门顶上的横梁）。梁的用材有讲究，只能选用梓木或杉木，并且由送梁者家一行人将梓木或杉木大梁用红缎装点，配有乐师，担着红糯米粑和酒送至新居，场面十分热闹。

　　在筵席开始之前，要举行上梁仪式，吹鼓手奏乐，德高望重又能说会道的人们讲四言八句并登上房去，然后正式升梁，紧接着把酒菜以及梁粑也升上去，由上边的人喝酒吃菜，划上几拳，喊上"一定大发、二喜临门、三星拱照、四季发财、五子登科、六位高升、七子团圆、八方来财、九九艳阳天、十全十美"之类的酒令，然后向众亲友抛撒梁粑，使整个立房庆典气氛达到高潮。待房屋装修完成后，另择佳期搬进去，叫"进新房"。亲戚邻居送米送钱祝贺，喝酒庆祝一番，同时还要举行热闹的"开财门"仪式。

　　仫佬族建房的选址过去都要看风水，请风水先生用罗盘仪（指南针）进行考察和推算，现在不少人家沿街、沿路依地形而建，不再看风水。在选址时，一般注重朝阳、干燥，并且在门口能留得出一个晾晒谷物之用的晒坝及户外活动之区域。仫佬族建房时一般都把厩房、厕所等与住舍分开，这样比较卫生。

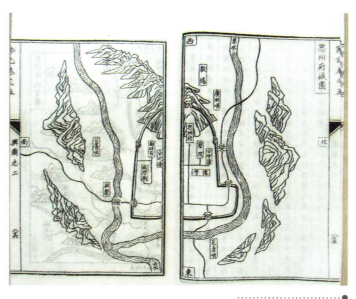

《黔记》书影

● 生命中的精神家园 ●

　　仫佬族文化一代一代往下传承的过程中，最核心、最重要的是什么？应该是思想观念，是在大脑中占主导地位的精神支柱和信仰。仫佬族的信仰物是什么？现仍立于黄平县崇仁乡新华村富塘寨背后仫佬族撵社坡上的石碑告诉我们："木（仫）族……信仰土神……"

　　生活于黄平、凯里交界处平良、崇仁一带的仫佬族同胞将每年立春后的第五个戊日（俗称"五戒"）视为"土神"天，家家户户要敬"土神"，这一天不能动土，否则会得罪"土神"。大家不下种、不耕地，都到撵社坡上去"看会"，开展各种文体活动和唱山歌，晚上吃晚饭时，以家中客人多为好为上。另外，在仫佬族结婚时，新娘步行到男家的那天，男家要请一位妇女用竹篮盛点酒、饭菜和香蜡纸烛朝新娘来的路上走去，凡遇上路旁的土地庙，都要烧香点烛，摆上酒和饭菜，供奉土神，祈祷土地菩萨保佑新婚清吉平安。在这里，我们可以理解为，他们把保佑新娘子一生平安的希望都寄托在"土神"身上了，因为那是他们最信奉的神。

　　"做保家"是仫佬族特有的祭祀活动，实际上也是祭"土神"。做"保家"有大、小之分。大"保家"在十冬腊月做，小"保家"在正月间做。做大"保家"的意思是：土地生五谷，秋后五谷已收进了家，为了使

仫佬族村寨

以后永远五谷丰登、人畜两旺，那就"做保家"感谢"土神"，请土地菩萨保佑。做大"保家"时要杀一头猪，刮整干净放在堂屋中间，然后用竹篾绾成 12 个圈，大的套在猪头上，小的套在猪耳朵上。再用一根竹子做一个楼梯，把圈又套在楼梯上，把鸡蛋、酒药、刀头、祭菜、高粱、小米、黄豆、米线、苞谷等五谷线子插于一个簸箩上，摆一升插香米，由仫佬族"道士"念祷请"土神"统领下的陈、

多神崇拜

仫佬族崇拜多神，以祖先崇拜和自然崇拜为主。村寨前都有"风水树"和"保寨土地"，作为保佑全家人畜平安的象征和祭祀场所，村中发生病异或灾患，多有敬神送鬼、祈求禳解之举。

杨、马、赵、吕、韩、章、张、葛、方、李、能十二将军到场。"道士"旁请一个"通师"，"道士"口念仫佬族咒语，"通师"用仫佬话答复。念一通，喝一次酒，吃些肉。喝酒吃肉不用碗筷，用嘴直接喝，用手抓菜，两天一夜做完"保家"以后，家族和亲戚前来喝酒祝贺。现在的仫佬族"道士"则用汉语书"保家科仪"来念祷。

做小"保家"一般在春节后的正月间做，仫佬族家庭普遍都请仫佬族"道士"来做，将稻谷、高粱、苞谷、小米、纸旗、木刀放在堂屋中间，烧香烧纸念祷，祈求祖宗和"土神"保佑五谷丰登，生产顺利。做了小"保家"之后，才能动土春耕，现在一些仫佬族人把做小"保家"改用"谢土"代替，内容和做小"保家"差不多，目的也是敬祖先，敬"土神"。从以上各种民族事象上看，仫佬族信奉的神是"土神"，即土地菩萨。关于这一点，你只要走进仫佬族村寨，就会看到寨寨都有土地菩萨立于寨边。

在仫佬族的观念里，敬奉祖先，那是至高无上的。每家每户都规规整整地安有香火神龛，将祖先八代请上去，逢年过节或逢大事临门都要供奉一番，这都是经常性的活动，这与中华民族怀念祖先的传统是一脉相承的。

用母猪祭祖是仫佬族一个比较特别的风俗。祭祖的过程由仫佬族"道士"主持，用仫佬语念咒，供奉祖先，求祖先保佑子孙后代发财发富，全族安康。祭祖用的猪用木杠压死，不能亮尖刀，祭完后全家人都来聚餐。这一风俗主要流行于平良片区，现在已经消失了。至于在明清时期，仫佬族古人"孟冬祀鬼，以草为龙，插五色旗，至效祭之"等俗，也早就不存在了。总的说来，仫佬族信仰"土神"，敬奉祖先，这是千百年历史文化中的核心内容。

● 日 常 生 活 禁 忌 多 ●

大风洞乡下寨村母鸭田寨

仫佬族古时候有很多禁忌。如正月初一和十五，不扫地、不往外泼水、不拿针线、不动土；正月逢戊日要忌戊；春天第一次听到阳雀（即杜鹃）叫要忌阳雀；农历四月八是牛王菩萨的生日，要给牛祝寿，这天不让牛干活、不打牛、不骂牛，还要拿好东西给牛吃；男性楼下坐，女性不上楼；公公不睡儿媳铺，哥哥不睡弟媳床，妇女不能堂屋睡；妇女产后满月前不出户、不穿堂；老人去世，孝子守孝七七四十九天，不串户，不房事，子孙用的孝帕不能用来缝补衣服；猪睡食槽、草穿牛鼻、晚上鸡叫、狗刨门地、猪爬房、甑子叫、狗生独崽、猪下双胎、蛇进家等，都认为是不祥之兆，凡出现其中一件事，都要请师人敬神送鬼，以求逢凶化吉。

以上这些禁忌，随着社会的发展，有许多已经不忌了，如忌戊、忌阳雀、不泼水、不扫地等，到 20 世纪 70 年代就已基本消除。狗生独崽、猪生双胎，最多是把小狗、小猪丢掉，不会再请师人敬神了。夜晚鸡叫、狗刨门地等已经见怪不怪，无所谓了。蛇进家、猪睡食槽等，相当多的人还认为是不祥之兆，还要请师人敬神送鬼。四月八给牛做寿，这天不打牛、不骂牛、不让牛干活，多数人家还是这样执行。20 世纪 80 年代以后，老人去世，孝子不再守孝，安葬完毕，附近亲属请去吃餐饭后，就可随便活动了。

在部分仫佬族家族保留有一些特殊礼仪禁忌，是因为历史上曾发生过一些重大事件。如麻江县下司回龙大塘文姓不栽姜，相传有位老人眼睛失明与种姜有关。不准种麻，因为麻是披麻戴孝用的。一些地方和家族不准披蓑衣和戴棕斗笠，相传这两件东西表示老虎的皮毛。不准吃虎肉，一些文姓不准吃马肉，据说是因为老虎曾搭救过仫佬族祖先，马曾把文姓祖先从战场上救回来。瓮袍黄土寨和下司回龙罗姓不准打米粑，据说是以前祖先正在打米粑时，有一个叫花子来讨饭，女主人将已打好的米粑连同簸箕抬进内室，不慎把簸箕放在睡有婴儿的床上，过一会儿去看时，婴儿被压死了，祖先发誓后代从此不打米粑。瓮港文姓子孙不贴春联，因为古代的一位祖公嘴里含着烟杆贴春联时摔下来，烟杆穿破喉管去世了，所以一直都不贴春联。

MULAOGONG
木佬公
BAIGU
摆古

● 拉着两劫匪跳崖的英雄 ●

　　话说很久以前，今凯里市大风洞乡榜河下寨一带，居住着一百多户仡佬族罗姓居民。其中，有一个叫罗尚富的，因为没有结婚成家，死时又很年轻，他的身世多被遗忘，只知道他是国林公的长子，人们都尊称他为罗大哥。

　　罗尚富二十来岁的年纪，身体壮实，耿直胆大，疾恶如仇。因为他是长子，父母年纪大，两个兄弟年纪又小，家中的活路都靠他承担。

　　有一天，他挑些东西去赶场，回家走到格田消水洞的时候，遇到两个土匪抢劫。土匪从他身上搜到的钱很少，就拿着刀子逼他要更多的钱。他对土匪十分痛恨，灵机一动，便对土匪说："我远远看到你们来了，怕你们抢钱，就把

下寨仫佬寨村口

钱包往路边的岩头上丢去了，你们看现在钱包还挂在岩头树枝那里。"

两个土匪信以为真，便要他带着到岩头去取钱。那个时候，消水洞一带森林密布，流进消水洞的河水很湍急。他带着两个土匪走到悬崖边上，便一只手拉着一个土匪，高喊："你们要钱不要命就走吧！"三人一起坠下几十丈高的悬崖，落入河中，被大水冲进洞内，同归于尽。

罗尚富不怕牺牲，为民除害的英雄事迹，一直在民间传颂。

悬崖峭壁

● 姨佬比阔 ●

榜河仫佬族罗姓的族谱写到，尚达公房的罗盛银共生有六个女儿。这里要谈的是那六个女儿分别嫁的六个女婿在一次婚宴上发生的真实而有趣的故事。

六个女儿分别嫁到都蓬王家、中寨吴家、翁峰金家、大罗新寨王家、新院黎家和碗寨黎家。六个女婿都是仫佬族，经济条件都不错。

有一天，六位襟兄襟弟（俗称姨佬）同在四姨佬家吃喜酒。宴席上，六姨佬整整齐齐同坐一桌。新郎新娘前来敬酒。先从大姨佬敬起。大姨佬喝了酒后，从包里摸出两个银元放到新郎新娘敬酒的盘子上。二姨佬喝了酒后，也和大姨佬一样拿了两个银元放到盘子上。敬到三姨佬，三姨佬喝了酒后拿了三个银元放到敬酒盘子上，比前面两个姨佬多送了一个银元。四姨佬是主人暂时不敬，往下敬五姨佬，五姨佬喝了酒以后，按三姨佬的做法，也拿了三个银元放到敬酒盘子上。

敬到六姨佬，六姨佬喝了酒后，把包解下来放到桌上，从中拿出十来个银元和十来个铜板摆到桌子上选来选去，最后选了两个铜板放到敬酒的盘子上，并说："大姨佬、二姨佬、三姨佬、五姨佬送了银子，我来送点金子（把铜板说成是金子）。"在座的人有的大笑，有的冷笑，有的沉默。过后，有人问六姨佬："你为什么不和他们比，也送银元呢？"六姨佬说："我拿了十多个银元摆到桌子上，这不是已经比了吗？我不是没有钱，也不是舍不得送，我认为来吃喜酒，都已经送礼了，桌上敬酒，可送可不送，即使要送，送点儿表示心意就行了，不能都一样送，更不能比哪个送得多。"

远看榜河村

● 传奇人物——罗朝虎 ●

陆坪镇小岩风景区

在今福泉市陆坪镇翁桠村背后陕家坡上，有一座古墓，人们称之为罗家大坟。坟主人名叫罗朝虎。罗朝虎家住凯里市大风洞乡，父亲罗凤仙，祖父罗正堂。据推算，罗朝虎可能生于清朝雍正年间。

罗朝虎在世没有当过什么大官，但他为人正直，善交朋友，疾恶如仇，好打抱不平，人们都称他"罗大老爷"，是一位有威望的群众领袖，颇有些号召力。

他的一生，在民间留下许多传奇动人的故事。有一年，他主张从落帽村的大坡山上把一座庙宇搬到两千多米远的榜河背后的玉屏山上重新立。他的一声号令，落帽、羊弼、翁下、台田等乡村的群众及罗朝虎的家族邻里纷纷响应，几乎人人行动。在立房盖瓦的那天，成千上万的人参加。他只要求每人从大坡带三块瓦，结果庙宇用的一万多块瓦全部带到玉屏山。有人推测，玉屏山上的石鼓，很可能也是罗朝虎所修。三四吨重的巨石，在那没有起重机的年代，能把它搬到悬崖上面去，真是奇迹。

有一位村民的儿子被土匪抓去做人质，勒索两百两银子。罗朝虎得知后，便率二十多个好汉深入匪穴把孩子夺了回来。那位村民为了感谢罗朝虎，便与他结拜为兄弟，经常往来，还给罗朝虎送礼物。罗朝虎死后，这个结拜兄弟便自愿将自己早已看好的一穴坟地让给他。现在，罗朝虎坟的对面埋的就是他的那位结拜兄弟。

罗朝虎去世后，民间还继续出现传奇之事。罗朝虎的子孙在他的墓前立了一块石碑，因为罗朝虎生前好打抱不平，使一些恶人怀恨在心，把那块石碑打断，有一半落到地下。子孙们又将断落在地下的那半截石碑搬去放在立起的那半截碑上。说也奇怪，全部断裂的两截石碑却自然粘连接好。几百年过去，现在碑还在，只是中间有一道纹路，两截碑却还是紧紧地粘在一起的。

● 人不求人一般大 ●

　　"人不求人一般大。"这句话是罗在官说的。

　　罗在官（又名罗理樽），仫佬族，1920年出生于凯里市大风洞乡都力村的一个贫农家庭。他七岁开始读书，有一位姓刘的同学和他同岁、同班、同桌。但他因为家境贫寒，经常休学在家放牛和帮助父母种田，读到十四五岁初小还未毕业。姓刘的那位同学家庭比较富裕，

远看都力村

没有休过学，很快就初小毕业，到炉山县城去读高小，高小毕业后就回到罗在官就读的那个学校教书，并通过村里（那时叫"保"）通知在家务农的罗在官去读书。

　　罗在官是一个聪明人，也是一个有志气的人，他不能按部就班地升学，是因为家庭经济困难停学，而不是因为学习成绩不好被留级。当他得知要去当那位同学的学生的时候，心里感到很不是滋味："人不求人一般大，你不过多读了两年高小而已。"他认为大家都是一样的人，自己为什么要去拜他为师，当他的学生呢？于是，他便向父母请求，要离家到外面去奋斗。

　　当时，父母已经给他订了婚，准备过两年就要给他完婚，再三挽留他在家，最后他还是坚决要出去。当时都力罗姓与榜河罗姓共一个祠堂，有六七十户，每户送给他一块银元，支持他出去打拼，做一个有出息的人。

　　罗在官到贵阳读了一个半工半读的电报培训班，由于文化基础差，

仫佬族人物

在仫佬族中，涌现出不少杰出人物，如革命烈士罗光前、造林模范文玉魁、全国优秀教师罗云开、全国劳模罗学光，以及著名编辑记者罗世庆。

社会见识浅，罗在官在学习和生活上遇到了许多困难。但他克服困难，努力学习，以优异的成绩毕业后，留在电信部门工作。

后来，他先后到湖南、重庆、江苏、湖北等地从事电信工作。他热爱祖国、拥护中国共产党的领导，满腔热情地为党的电信事业做贡献，多次被评为先进工作者。他曾任武汉市电信局工会主席，1957年出席全国工会积极分子群英会。

他外出工作多年，但时时都怀念家乡，挂念亲人。1980年，他回乡探亲，几十户家族亲友，他几乎家家走到。对那位父母给他订婚却未能结婚的女士，他也登门拜望，并赠给她一对枕巾作纪念。

家乡父老都赞扬罗在官是一个有志气、有良心的人，他外出奋斗是做出实效的。

罗在官1990年在武汉去世，享年71岁。根据他的遗言，子女把他的骨灰运回家乡安葬，魂归故里。

走向仫佬族乡村的天路

● 代 代 出 解 匠 ●

炉山公路旁有一个村子叫洛棉，洛棉有个小地方叫河坎，那里居住有几十户罗姓仫佬族村民。传说，河坎的罗姓仫佬族村民有一位祖先去世以后，请阴阳（风水）先生在山背后的狮子庄找了一穴墓地。在将死者安葬好以后，阴阳先生说："这穴地风水很好，以后你们罗家的子孙要兴旺发达，代代出宰相！"

解匠的工具

当时的罗姓村民都没有上过学，没有文化，只知种田吃饭，伐木解板造屋居住，没有出过远门，不知官场上的一些名词，更不知什么叫"宰相"。于是，他们便顺口答道："代代出解匠也好，靠自己的辛勤劳动，解板子，修房子，有吃、有穿、有房子住就行。"

这一回答可真应验了，后来河坎罗姓确实代代出解匠，解的木板非常受欢迎，他们也乐于助人，精益求精，帮人家把木板解得很好。远近的许多群众修房造屋，都要到河坎请罗姓解匠去帮助解板子。

大风洞乡下寨村榜河大寨

● 老麦公的故事 ●

　　相传在很久以前，一位出生在黄平县重安镇岩头村背罗寨，后迁居旧州老李坝的仫佬族老人，因为他总是揣些麦子在身上，经常从荷包里拿麦子嚼来吃，人们都称他为老麦公。老麦公为人正直，武艺高强，力大无穷，为人们办了许多好事。

　　老麦公经常到重安江赶集，见到小偷偷人家东西，他就打干咳或者喊"有小偷"，小偷听了便走开，不敢下手偷。这样的情况发生了许多次，小偷对老麦公怀恨在心，几个小偷便相约报复老麦公。

　　他们在老麦公赶集回家的路上把老麦公拦住，声称要挖掉老麦公的眼睛。老麦公听了便说道："那好吧！等我找棵树坐下来让你们挖。"老麦公顺手在背后拔了一棵如碗口粗的桐子树拿在手上说："你们来

远眺岩头村

挖吧！你们若挖不到我的眼睛，我就要打死你们。"几个小偷看到这个阵式，吓得屁滚尿流，齐声求饶："老麦公，我们怕你了，不但不挖你的眼睛，以后我们也不偷人家的东西了。"

老麦公生活的那个年代，兵荒马乱，官府经常下乡催粮催款，逼得民不聊生。有一次官府派了几个壮丁到老麦公的家乡催粮催款，遇到老麦

桐子树

公，逼着要他交款。老麦公说："要粮要款没有，要命我有一条。"他顺手在旁边拿了一块像茶杯那样大的硬石头在手上使劲一捏，那块石头便粉碎了。老麦公说："来吧！你们来把我打死吧！如果打不死我，我就要捏死你们。"那几个壮丁见状被吓倒，不再要粮要款，也不敢打老麦公，便溜走了。

黄平县令得知老麦公武艺高强，便传令叫老麦公到县里去和他比武。老麦公到了县里，县令对他说："我今天约你来，主要是看看你的武艺有多高，你如果能把身边这棵如腿粗的大树连根拔起来，就算你赢了，以后我们也就不到你们家乡去要粮要款了。如拔不起来，就算你输了，以后你们就自觉交粮交款。"老麦公说："那好办！"转身抱着那棵树一拔，将树连根带土拔了出来。县令输了。一言既出，驷马难追，后来县令也就再没有派人到老麦公家乡去催粮催款了。

● 哑巴王的故事 ●

在凯里城附近有一座山的造型与香炉十分相似，所以人们称做香炉山。

相传在很久以前，香炉山下有一户姓金的仫佬族农民生有一个儿子，已经十多岁了还不会说话。有一天，孩子的父亲从河里打上来一条大鱼。他把鱼拿进家，孩子见了便高兴得跳起来，突然开口说话，喊爹叫妈，并要求把鱼交给他去破。父亲见孩子突然会说话，真是喜出望外，立即满足孩子的要求，把鱼交给他去破肚洗整。孩子把鱼拿到无人看见的地方破开，从鱼肚子里取出一把小刀，暗暗藏好。然后把鱼交给父母去煮来吃。那把小刀原来是一把宝刀，只要拿出来一挥动，被刀光晃着的来犯者就要人头落地。

其实，孩子早已不满被压迫和剥削的生活，得了宝刀不久，便邀约一帮人，登上香炉山，自立为王，准备反抗。因为他原来是个哑巴，人们就称他为"哑巴王"。

如有谁要侵犯他，哑巴王挥动宝刀，哪怕相隔数百米，敌人也会死在刀下。哑巴王凭着宝刀的神力，劫富济贫，除恶反霸，为民众办了许多好事。

后来朝廷知道了，便派大兵来围剿他。哑巴王站在香炉山顶上，看着山下的朝廷大兵，如同蚂蚁，摇旗呐喊，步步登山。他等朝廷大兵上

香炉山一景

香炉山风光

到二道岩时，便拿起宝刀对着朝廷大兵挥动，朝廷兵将纷纷落马，少数隔得远一些没有被宝刀晃着的人，也吓得屁滚尿流而逃。朝廷几次派兵围剿哑巴王都吃了败仗，后来便施了美人计，派一个美女上山与哑巴王结为夫妻。那个女子上山后，与哑巴王一见钟情，没几天就结婚了。

　　女子与哑巴王结婚后，便暗暗侦察哑巴王的秘密。她发现哑巴王有一把宝刀，白天随身携带，晚上藏于枕头底下，便在一天晚上趁哑巴王熟睡之时，私下用黑狗血抹在刀上，并用火烤干。狗血浸入刀内，宝刀被污就失灵了。

　　朝廷知道此情况，便再次派兵围剿。兵临山下，哑巴王还不知道宝刀失灵，照例取出宝刀对着朝廷兵将挥动，但已经不起作用了。山下兵将无一死伤，步步逼近。哑巴王恍然大悟，知道中了美人计，致使宝刀失灵，大势去矣，但又不愿束手就擒。于是，他先杀死那个女子，然后用两个簸箕夹在两边腋下，从山上往山下"飞"去，落在今丹寨县兴仁镇境内。哑巴王当即坠地而死。

　　人们为怀念哑巴王，便将簸箕落在的那个寨子称为簸箕寨，簸箕寨这个寨名，至今仍然存在。

● 三多打老变妈 ●

相传在很久以前，丹溪一带古树成荫，野兽经常出没。大中村有一个仫佬族青年名叫三多。所谓"三多"，一是力气比别人大得多，二是为人正派好事做得多，三是常走夜路妖魔鬼怪遇得多。他在大中一带做了许多好事，打老变妈就是其中的一件。

有一天，三多和他的弟兄们在大中一家财主家打工。那财主看到他们劳累了一天，做了许多事情，发了点儿善心，备了些酒菜，让他们高高兴兴地吃了一餐晚饭。

他们酒足饭饱，正准备回家。突然有一位兄弟劝三多和大家一起走，不要单独抄小路回家。三多问，为什么？那兄弟说，牛场坝那个地方添了一座新坟，那是老变妈的家，你晚上经过那个地方，她会伤害你的。三多一听，火冒三丈："我三多什么都见得多，就是没见过老变妈，今晚我就偏要去看看她到底有多大能耐，我要把她干掉，为大家除害。"兄弟们没有劝住三多，各自回家了。三多也上路回自己的家。

所谓的老变妈，人不人鬼不鬼，变化多端。她一会儿把棺材变得很重，许多人也抬不动，一会儿又变得很轻，好像棺材里什么东西也没有，还会隐身叫人看不见摸不着。她不办什么好事，经常在夜间出来打人、吓人，捉人当替身。她如果捉到人，会把人弄死，就算找到替身，她就可以投生。

仫佬族刺绣背带芯

三多在回家的路上，走了一关二关三关没有事，第四关是老变妈的捉人关，只要过了这一关，再过石猛桥走不远就到三多的家。三多还有些高兴，以为不会遇到老变妈了。

三多刚走进第四关，只听得左一声

"呷！"右一声"呷！"一个披头散发的女鬼出现在三多面前。老变妈果然来了。三多拿起手中的扁担勇敢迎战。因为用力过猛，扁担断成两截，三多拿着手中的半截扁担继续迎战。在黑夜中打了几个回合，双方不分胜败，谁也没有看清对方是啥模样。

老变妈感觉到三多力大无比，恐难战胜，便隐身逃走。三多找不到老变妈，自己也有些胆怯，便跑到石猛桥脚下躲避。不一会儿，老变妈以为三多走远了，便来到石猛桥上坐下，鬼头鬼脑地胡说乱唱。

三多在桥下听到老变妈在桥上唱，便轻轻地伸手抓住老变妈的双脚，准备把她拖下水去。这下子可把老变妈制服了。她哭着求饶说："大哥，我家中上有老、下有小，还需要我去养他们，请你放开我，我以后不再办坏事了。"三多听到老变妈哭得伤心，并表示不再办坏事，心也软了。于是就把老变妈放走，自己也安心地回家休息。

自从那次三多教训了老变妈以后，在大中一带就见不到老变妈的踪影了。人们非常感谢三多办了件大好事。

古树成荫

● 龙角踩桥的故事 ●

　　龙角踩桥，是仫佬族的传统集会，每年农历正月十五，在黄平县仁里公社龙角大队石拱桥一带举行，会期一天，主要内容是山歌对唱和踩桥扔石块下河，到会群众三千至五千不等。

　　踩桥为纪念性集会。相传为龙角石拱桥的资修者金老太而起会。说是在还未修建龙角石拱桥以前，这里每逢山洪暴发，河水猛涨，来往行人过河常常受阻。金老太临死前，将自己的一百二十挑谷子献出，修造了这座石拱桥，并留下了遗言，要人们在她死后，每年正月十五都到桥边去，摘桥头那两颗暴蛇蚤树叶来烧，这样，家里人都不会生蛇蚤。她还要人们每次到桥上去踩桥时，都搬几块石头扔进河中，表示对她的纪念。

　　金老太死后，人们想起她嘱托的事，就在正月十五这天到桥边去摘暴蛇蚤树叶来烧，又到石桥上去踩，然后搬石头扔进河里。回家后，这些人家果然都没有再生蛇蚤。从此，这踩桥就成了每年正月十五龙角人必做的事。

　　后来，桥头的暴蛇蚤树被摘光了枝叶，人们除了到桥上踩桥扔石头外，喜唱山歌的仫佬族群众在这里兴起了对歌。久而久之，这踩桥便成了今天的对歌集会。不过，有人仍忘不了捡块小石头从桥上扔到河里，纪念金老太。

黄平古镇风光

SHANYUSHIDE

山与石的

CHUANSHUO **传说**

● 雷打岩的故事 ●

在今凯里市大风洞乡榜河的坡头上，有一面高耸的白岩，至今人们都还称之为"雷打岩"。为什么称为"雷打岩"？这里流传着一个十分生动的故事。在榜河长五间的背后有一个小地方叫金家冲，在长五间的河对面有一个小地方叫王家冲。顾名思义，金家冲过去住的是金姓人家，王家冲过去住的是王姓人家。王姓和金姓都是仫佬族。

相传在很久以前，王姓和金姓都很富裕。王姓主要是种田，生产的粮食很多。金姓除了种田之外，还种些林木果树，很有钱。王家生有一子，才华出众，父母视为宝贝。金姓生有一女，聪明伶俐，深受父母宠爱。经媒人撮合，王金两家开了亲，金家女嫁到王家做儿媳。在办婚事的那天，金家为显示有钱，

用钱币铺路。王家也不示弱，因为有粮食，便用粮食铺路。两家的行
为惊动了天神。天神认为这是糟蹋钱粮，便采取措施予以制止。当王
家接亲的人踩着钱粮走到坡头上的山下时，突然一个晴天霹雳把岩打
开半边，岩石滚下山来打在接亲人的面前，吓得人们赶快缩脚，不敢
再踩着钱粮行走。"雷打岩"便由此得名。

　　这个故事讲的虽然不是罗姓人家，但发生在罗姓居住的地区，罗
姓家族也受到了影响。居住在榜河下寨一带的各姓人民（包括罗姓）
都吸取教训，很爱惜钱粮。如有糟蹋钱粮，特别是糟蹋粮食，人们都
会说："打雷了！你怕不怕？"用这样的话教育人们不要随意糟蹋粮食，
更要爱惜劳动成果。有的人一粒米饭掉在地上，都要捡起来喂牲畜或
者洗干净自己吃。

张家田成罗家田

相传在很久以前，有一户姓张的人家来到凯里市大风洞乡榜河大寨搭起一个茅棚居住下来，靠自己的辛勤劳动开荒种地维持生活。经过十多年的努力，他们开垦出不到一亩的几块田和一些土，收成基本能维持生活。

坐落在崇山峻岭间的仫佬族村寨

有一天张老汉出门干活去了，他的妻子和儿子在家里做饭，一阵大风刮来，茅棚着了火。火借风势，十多分钟的时间，茅棚化为灰烬，母子俩也被烧死在家里。老汉回来一看房子被烧光了，妻儿被烧死了，便抱头大哭，痛不欲生，把头撞向土墙，撞得头破血流。

正在这个时候，一个仫佬族罗姓小伙子赶到，把张老汉扶起来，不让他碰死。但张老汉一无家可归，二神志不清，怎么办？罗姓青年把张老汉扶到自己家去住下，后又与他的父亲一起来帮助张老汉安葬妻儿。

张老汉头部受伤严重，不能下地干活了。罗姓父子就把张老汉留在自己家里视为自家人养起来。一二十年过去了，张老汉已经年老，

绿油油的稻田

为报答罗家父子的救命和赡养之恩，便请了寨里的几个人来，当着大家的面，把他开垦的那几块田赠给罗家。从此，那几块田便成了罗姓的田，但直今仍称"张家田"。张老汉把田赠给罗姓以后，一直住在罗家，生养死葬都由罗家负责。

● 玉屏山上的石鼓 ●

大风洞乡下寨村母鸭田寨

玉屏山（当地人叫玉龙山）坐落在凯里市大风洞乡下寨村的榜河坡上，从山下的河谷到山顶，有一千多米，山顶面积大约有一平方千米。山高林茂，风景优美。山下的榜河、老院及山背后的下寨、板仓、龙井沟等自然村寨的居民，多数是仫佬族。居住在玉屏山附近的榜河罗姓历史久远，在玉屏山上留下了许多传奇故事，石鼓就是其中一个。

三百年前，凯里市大风洞乡榜河的罗姓仫佬族先人罗朝虎等人在玉屏山上修庙，并在玉屏山的悬崖上修了一面石鼓。

石鼓由三个石磴和一块宽厚的石板鼓面组成。石板鼓面约 0.3 米厚，一平方米大小，重两三吨，可容纳三个放牛娃坐在鼓面上敲鼓。坐在鼓面上，用柴刀背或小铁锤敲打石鼓面，咚咚作响，远处的都黎、田坝、母鸭田一带都能听到鼓声。

石鼓的奇妙有两点：一是一块石头为什么能敲出那样大的声音？二是那样重的石头，在没有起重机的年代，罗氏先人是用什么办法把它安放到悬崖上去的？

常见的石鼓

● 牛 鼻 子 渠 道 ●

　　现在麻江县下司镇和平村住有金、胡、廖、罗四姓人家。沧桑巨变，现在虽然不用通过半岩上那条艰险的水渠来灌溉良田，但人们还是谈论着罗家仫佬族人兴修于清代嘉庆年间的牛鼻子渠道。

　　这条水渠全长 1500 米，迄今已有整整 200 年历史。这条渠道的倡修者是和平村的仫佬族人罗文华，继修者是他的儿子罗希夔。罗文华从小念书，是个书生，历来从教；罗希夔系清代嘉庆己未年（1799 年）贡生。

　　和平村位于清水江畔。和平与沙坝是和平村的两个自然寨，一水之隔。这里地势平坦，有耕地 100 余亩，虽有一条发源于杨柳塘且距和平村仅 700 余米的小溪流过注入清水江，但因有一座大石山阻隔，

牛鼻子渠道
....

所以很难引入灌溉，只能旱种，不能水种，使发展农业生产受到极大影响。

清乾隆年间，罗文华被沙坝周姓聘请教书期间，眼见这一情况，便暗下决心，省吃俭用，积蓄资金，准备请工匠开凿石山兴修水利，以解决耕地缺水灌溉的问题，但不久罗文华去世了，兴修水利的事并未完成。其子罗希夔继承父志，出资请来湖南工匠，在大石山腰悬空架木，横凿峭壁，兴修牛鼻子渠道。

据传，当工匠凿岩到一段名叫"告香火"的地方时，因钢钎凿伤了"龙筋"，喷出许多"龙血"，染红了清水江水，有几个工匠当即被"神灵"碰飞到百余米远的清水江对岸死亡，活着的工匠再也不敢继续开凿石山。这段没有被凿通的地方，后来只好架木枧接通。

兴修牛鼻子渠道的工程，的确是非常艰险的。该渠全长 1500 米，其中就有近 1000 米沿悬崖峭壁而过。今观之，真有鬼斧神工之感。可见前人筚路蓝缕创业之难。

为了不忘牛鼻子渠道创修人的功绩，罗姓在家谱中对罗希夔生平事迹的记述，曾有这样一段话："罗希夔，嘉庆己未贡生，就通判职，生于乾隆十三年戊辰七月二十二日，自幼从学于蒋振鲁先生。生平忠厚，勤俭创修和平牛鼻子沟，引水灌田，观者神之。"

罗姓子孙、清光绪乙亥恩科贡生罗及奎，对其先辈罗希夔刨修牛鼻子渠道赋诗一首，诗云：

> 悬岩沟凿是何由？专为流泉灌涸畴。
> 构木架高施斧计，精心思夺补天筹。
> 玲奇贵在栽荒弃，缺憾无须起怨尤。
> 世世书田除患旱，子孙时应念贻谋。

● 背磨田的来历 ●

很久很久以前，中寨这个地方有一个聪明漂亮的仫佬族姑娘，名叫小英。她会种田，能纺纱织布，还会唱歌。小英在仫佬族歌会上结识了一位如意的小伙子，她回到家中，成天盼望小伙子请媒来说亲，以便早日成家，过上夫妻和睦、男耕女织的家庭生活。

就在这个时候，父母包办，硬把小英嫁到附近一户爹娘凶恶、男人丑陋的人家。父母之命，无法违抗，小英出嫁了，但她的心目中只有在歌会上结识的那个小伙子，朝夕都在想离开那个不如意的家去与那个中意的小伙子成亲。

石磨

怎样才能离开那个家呢？小英想了许多办法让人嫌弃她，但都没有成功。她首先装哑巴不说话，但那家人却说她守本分，不胡言乱语。之后，她故意不用甑子蒸饭，把米放在锅里，随便掺点儿水，把火加大就出去洗菜，迟迟不归，有意让饭在锅里煮糊，但回来揭开锅盖一看，饭不但没有糊，反而很香很好吃，家人还夸她会做饭。一天，她去插秧，故意用桐子叶把秧根包着，想让秧苗吸收不到泥土的养分而死掉，哪晓得过了几天桐子叶烂了却像秧青一样变成肥料，秧苗长得更好，那家人又表扬她会插秧。

连续想了许多办法都没有成功，实在无计可施，小英便大胆地直接提出来，不喜欢那个家，自己要出走。但谈何容易，在那个封建的社会、封建的家庭里，正是"男人嫌妻一张纸，女人嫌夫要等死"，哪能有小英的婚姻自由？但小英决心已下，便三番五次地提出来，成天哭得死去活来，那家人看到"捆住人，捆不住心"了，便想法折磨小英。

一天，公公婆婆对小英说："你要走可以，你背着一扇磨子去把那块大田的秧插完，就让你走。"小英一心要找心上人，咬紧牙关答应了。

她背着百来斤重的磨子，从天亮插秧到快天黑，实在支持不住了，便趴在水田里继续插秧。当她插完最后一蔸秧走上田坎时，已经有气无力，口吐鲜血，她用最后一点力气唱了一首歌："千怪万怪怪爹妈，把我命运送人家；逼我背磨来插秧，趴在田里不如蛙；小英如果归天去，也算逃离这个家。"唱完，她大吼一声，倒在田坎上死去了。后人为了纪念小英，便把那块田取名叫"背磨田"。

● 石龙与石宝 ●

凯里市大风洞乡都兰村的有耳寨是一个很偏僻的山寨，离凯里市有五十多千米，离大风洞乡政府所在地也有二十多千米，居住的人全部是仫佬族，现有三十多户。在有耳寨的后山上有一颗石宝和两条石龙，关于它们的传说，至今仍在当地流传。

传说在很久以前的一天晚上，雷电交加，大雨倾盆，眼看仫佬族人的房屋和开垦的良田就要被雨水冲走，村民们焦急万分。就在这紧急关头，山王菩萨找到土地公公商量解救办法。山王菩萨对土地公公说："这里的村民，为人忠厚，勤劳朴实，他们经过若干年，披星戴月，辛勤劳动，在这个地方开垦良田和建造家园，现在快要被大水冲走了，村民们性命也难保，我们快想个办法救救他们吧！"土地公公说："是的，我们应该保护这些村民，我看这是龙起身才造成的山崩地裂，龙起身是不能等到天亮的，我来想个办法。"

于是，土地公公便"谷古姑！谷古姑！"地到处学鸡叫。龙听见鸡叫，认为天快亮了，不能再往前走了。有一条龙便往回走，另一条龙来不及掉头就原地停下。龙不走了，大雨也停了，村民们得救了。

天亮以后，人们去看，两条龙变成两条石龙，中间还夹着一颗石宝，一起停在那地方。人们称它为石宝、石龙，一直流传至今，现在还能看到。

● 璧玉山的来历 ●

在很久以前的一个"六月六"，许多仫佬族青年男女，成双成对地在江边跳舞唱歌，谈情说爱。他们玩得正欢的时候，忽然看到江上漂来一对青年的尸体。大家上前细看，从形象和衣着上看出，那对尸体正是几年前被恶人抢亲整死的一对仫佬族青年新婚夫妇，便放声大哭。他们的悲哀感动了玉皇大帝。玉皇大帝便派璧玉仙下凡解救，借尸还魂。

众人一时哭昏过去，等到醒来一看，从风雨桥上飞来一对情人，江上那对尸体不见了。飞来的那对情人正是那对新婚夫妇。大家非常高兴，便把死而复生的夫妇带回村中向他们的爹娘报喜。爹娘见了又惊又喜。喜的是儿子儿媳回来了，惊的是死了那么多年怎么还能回来，不知是人还是鬼。

父亲便用鸡血点额、听碓声起立、游街呼喊等办法证明儿子儿媳确实是复生了，于是便摆酒席请客，再次给他们举办婚礼。

大家正在高高兴兴地吃喜酒的时候，那个恶人带上几十个壮汉又来抢亲，弄得众乡亲不知所措。这时璧玉仙出面了。她对大家说，"你们都是忠厚善良的人，我很同情你们，请不要悲伤，先让新娘子躲起来，我愿意打扮成她的模样，让恶人抢走，我会有办法对付他的"。

恶人把装扮成新娘子的璧玉仙抢去，先让她入洞房，然后在外面大办酒席，请客吃酒。那个恶人吃得酩酊大醉后，入洞房一看，新娘却是一个青面獠牙的妖精，吓得他倒退三步，大叫"有妖精！"瘫倒在地。等他的爹娘丫环进去一看，又是一个如花似玉的新娘坐在床榻上，便说"哪里有什么妖精，可能是你喝

● 大风洞乡下寨村大井寨

清水江风雨桥

醉了"，便都出了洞房。就这样反复几次，那个恶人就被折磨死了。璧玉仙看到恶人已死，自己也假装痛哭一番后上吊自杀了。

璧玉仙脱身来到山上，打开圣旨一看，造天桥正是此夜，但已经鸡叫三遍。璧玉仙挥动赶石鞭准备造桥，但时辰已过，不灵了。

玉皇大帝坐在天庭等着好消息，哪知是这样的结局，玉皇大帝十分生气，便关紧天窗，从此天地隔绝了。璧玉仙上不了天，躺在石山上，变成了一块千古传颂的璧玉石。人们为纪念璧玉仙，便把那座山称为璧玉山。

● 神仙石的传说 ●

·····················●
潕阳河风光

潕阳河的青山绿水间，很早就居住着许多仫佬族人，他们勤劳善良的品德，曾感动龙王和玉帝。龙王和玉帝想为仫佬族人谋福利，留下的"神仙石"、"将军石"、"金麻拐"、"镰刀湾"等，至今还传为佳话。

传说在很久以前，东海龙王得知平良、代支一带有许多勤劳善良的仫佬族同胞，过着艰难困苦的生活，心里很是不安，便上天禀告玉皇大帝，希望在平良和代支之间筑一个坝，让潕阳河的水位提高，使两岸的仫佬族人得利，而且还可以把水引向黄平旧州方向，那里也住有许多仫佬族人，让他们也能受益。玉皇大帝听到龙王的禀告后，十分赞成，便派一男一女两位神仙下凡，完成任务。

畅游潕阳河

清水江风光

清水江镰刀湾

两位神仙来到平良的对岸，看到有一位大将军在那里巡逻，他们便去拜访大将军，寻求筑坝引水的办法。大将军对他们说，要改造此河，必须打开干庄坳口，关掉白岩塘那两扇门。

两位神仙便走到黄泥坳的山坡上认真观察地形，思考劈山填河筑坝的办法。一位白发老人看到两位神仙在那里想法筑坝引水，便对他们说，你们想在这里筑坝引水，必须先打开干庄坳口开个河道，然后再来劈山筑坝，水才能流向旧州方向，这是件大好事，我愿帮你们尽点儿力，我先到白岩塘等你们。老人与神仙的讲话被白岩塘的土地公公听到了，土地公公怕筑坝后水淹着他，于是便学鸡叫。二位神仙听到"鸡叫"，认为天快亮了，时辰已过，坝修不成了，他们也不能上天了。

二位神仙蹲在黄泥坳变成两墩巨石，后人称之为"神仙石"，他们带来的金镰刀抛到清水江中，使江水绕了一个大湾，后人称之为"镰刀湾"。尖山坡上的大将军变成了现今的"将军石"。那位白发老人变成个"金麻拐"，至今还在白岩塘"等候"二位神仙。

● 花孃洞的故事 ●

凯里市大风洞乡的有耳寨有一个叫梓木冲的地方，有一个洞叫花孃洞。所谓的"花孃"，用仫佬族民间的俗语说，就是指年轻漂亮而又贤惠的姑娘。

相传在很久以前，一个憨厚勤劳的仫佬族青年，看到梓木冲这个地方风调雨顺，土地肥沃，便从家里把粮食、家具、锅、碗、瓢、盆搬到附近的一个洞里，长期住下来，决心用自己的劳动来开发梓木冲，发家致富。他每天天没亮就出去开荒，天黑了才回洞中做饭吃。有一天他回洞时口太渴了，便到洞下面的井里去喝水。他在捧

蚌壳

水喝的时候，发现有一个大蚌壳，便把蚌壳拿回到住处。按常理，在那蔬菜缺乏、鱼肉根本见不到的环境里，年轻人拾到蚌壳就会赶快剖开，煮肉来吃。但他不是这样，而是在他的住处围一个池子，把蚌壳养起来，每天还要换上清水，精心照料。

蚌壳没有被年轻人吃掉，而是在年轻人每天非常劳累的情况下，还得到他认真细致的照顾。年深日久，蚌壳受到感动，认为年轻人有良心，守本分，爱劳动，是一个好人，自己应替他做点儿事情才是。

于是，蚌壳便变成一个年轻漂亮的姑娘，等那位仫佬族青年出洞劳动的时候，她便把饭菜做好，等他回来吃。头一天年轻人回来看到住处摆着又热又香的饭菜，因为太饿了，也不问个究竟，端起就吃。

第二天劳动回来，又看到同样的饭菜，他边吃边想，这到底是怎么回事？哪一个好心人这么关心我？

到第三天，他假装出去劳动，转个弯又折回来，躲在洞中的一个角落里观察。到了傍晚，一个美女便从蚌壳中钻出来，开始替他做饭。等看清楚了，他便悄悄走到池子边，把蚌壳藏起来，然后对女子说："大姐，你太好了，感谢你每天都给我做好饭菜，我们一起做一起吃吧！"女子大吃一惊，赶快跑回池边去找她的壳，但是找不到，便对男青年说："大哥，你对我很好，我看你劳动太累了，帮你做点儿事情是应该的，求你把我的衣服还给我。"男青年说："大姐，那个衣服就不要了，我们结婚吧，你每天就在洞中做饭，我努力开荒种地，我会好好关心你的，今后我们的生活是会幸福的。大姐，求求你，我们结婚吧！"女子看到男青年的言行，也动心了，于是就结为夫妻。

两人共同劳动，在梓木冲开发出许多良田好土，年年获得丰收，从此他们过上了幸福的生活。后来，人们就一直称那个洞为花嬢洞。

● "老太抱娃娃"石像的来历 ●

在黄平县的仁里龙角石笋沟与野桐九牛塘的相接处，有一块巨石。远远看去，像一个妇女抱着个小孩。关于这块石头，有一个传说。

很久以前，新华仫家寨中，有位姑娘名叫梅朵桑（仫佬语：小金花），生得聪明美丽，心地善良。她不但会纺纱织布，而且还是寨中有名的歌手。

有一年的大年初二，梅朵桑到黑塘赶歌会，途中碰见老院仫家青年贡布次松（仫佬语：天长久），两人一见钟情，邀约做伴，一路谈笑风生来到黑塘，放开嗓子对起歌来。他俩唱了山歌唱情歌，唱了情歌唱盘歌；上盘风雪雷电，下盘山水草木、飞禽走兽；从盘古开天唱到人间苦情，样样唱尽。她问得巧妙，样样在行；他对答如流，门门精通。越唱越情投意合，当下私订了终身。

这件事像春风一样，一夜间传遍了村寨。老人们说：他俩是天生一对，地配一双。也有人说梅朵桑有福不会享，多少有钱人家子弟她不爱，偏偏爱上个放牛郎。这话传到梅朵桑老妈的耳朵里，她老妈又气又急，把梅朵桑喊回家，指着她的鼻梁骂道："鬼姑娘，俗话讲，嫁给富汉肉汤泡饭，嫁给穷鬼烧破锅底。婚姻大事，由妈来做主。从今天起，不许你到处跟男赶汉。"

梅朵桑从此被老妈关在家中，整天打鞋底、绣花。她多么想见见情人面，诉说自己的苦情啊！一天，她突然听见有人在堂屋里和她老妈说话："做了寨爷的二房，你们母女算是老鼠掉进米缸啰！老爷的家里，吃的穿的你是清楚的，况且你这个做外婆的也有靠山啦。老爷说，大年初二黑塘歌会后就过门。"接着，又听见老妈和那人清点彩礼。梅朵桑不觉冒了一身冷汗，她巴不得贡布次松快点儿来找她。

死墙有缝壁有耳，梅朵桑被迫许配寨爷当

织布机

二房的消息，很快传到贡布次松的耳里。这天，他趁三更人静，悄悄来到梅朵桑家屋后，他轻轻敲响后门，梅朵桑听出是贡布次松的声音，忙打开窗户。情人相见，梅朵桑悲喜交加，将老妈如何贪财，媒人如何花言巧语，老妈强逼她嫁给寨爷当二房的事讲了。

贡布次松说："我正为这事而来，不知你愿享福还是愿吃苦？你愿享福，那你就嫁给寨爷，我不阻拦你；你愿吃苦，你就跟我逃出家门。"梅朵桑听了说："如若阿哥忘记了黑塘之约，想将梅朵桑推入苦海，那我也就认命了；如若阿哥还记着黑塘之约，不嫌小妹，小妹愿随阿哥远走高飞。"贡布次松见梅朵桑这样坚定，当机立断，帮助梅朵桑翻窗出屋，摸黑逃出寨子，来到石笋沟的亮洞里，结成夫妻。

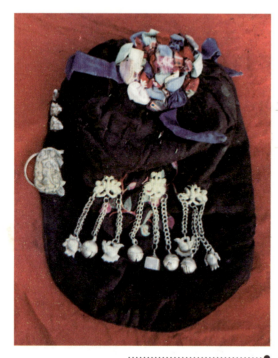

仫佬族儿童胸前装饰

梅朵桑那贪财的老妈，第二天发现女儿不见了，知道出了事，连忙跑到寨爷家，一把鼻涕一把泪，把梅朵桑不见了的事讲了。那寨爷听了气急败坏，大骂梅朵桑老妈哄骗钱财，要她快把女儿找回来，不然，就要把她活活饿死。接着，喝令家人到处搜查。

一年多过去了，梅朵桑的老妈早已惊吓成病去世了。寨爷始终没有查到梅朵桑的下落，只好把这口气闷在心里。

有一天，寨爷闲着无事，叫家人捉只小猴给他喂养，消磨时日。家人带了捕猴笼来到猴群出没的石笋沟，突然发现亮洞口有烟火。他想：是谁这么早，跑到这深沟里来烧火，便走近亮洞，看见一位妇女抱着个小孩在煮饭，还有一位男子在刳山羊皮。家人仔细一看，这不是寨爷要找的人吗？他连滚带爬地跑回来，把看见的事禀告了寨爷。寨爷半句话不说，立即吩咐所有家丁，前往石笋沟亮洞。

家丁来到石笋沟，把亮洞围得严严实实，然后，才向洞里喊话。贡布次松和梅朵桑知道事情不好，出来一看，到处都是寨爷的家丁。贡布次松向领头的家丁问道："你们到这深山沟里有什么事？"领头的家丁说："不说你也知道，前年，梅朵桑老妈收了我家老爷的彩礼，结果你把人拐跑了。那梅朵桑老妈一气之下，得了血奔心，把钱花光，死了，至今彩礼无人归还。你们既成了夫妻，那是前世姻缘，这彩礼嘛，只好请你们归还。"贡布次松很气愤地说："没钱！""没钱就到寨爷那里做三年长工抵。"贡布次松明知这是寨爷的毒计，想同他们评理，又寡不敌众，逃跑又来不及，为了保护梅朵桑和儿子，他决定到寨爷家做长工抵债。贡布次松当天就在寨爷家被活活打死。

可怜的梅朵桑带着小孩，天天等着丈夫，却总不见丈夫回来，她只能挖野菜，吃野果度日。晚上，用野棉花纺成线，织成布，做成新衣，盼丈夫回来。冬天来了，野菜吃光了，梅朵桑生了病，还不见丈夫回来，她走不动了，天天抱着孩子站在洞口，朝着丈夫去的方向流泪不止，终于化成了一尊石人。

梅朵桑变成石人以后，她的眼泪变成了一股冬暖夏凉的清泉水，一年四季沿石笋沟流下，灌入稻田。老天爷三年不下雨，这股清泉也不会断流。

人们为了纪念这位贤良妇女，就把这尊石像称为"老太抱娃娃"。这个故事一直流传在仁里一带。

"老太抱娃娃"石像

参考书目

1. 王均,郑国乔. 仫佬语简志 [M]. 北京：民族出版社，1980.

2. 贵州省民族研究所. 明实录·贵州资料辑录 [M]. 贵阳：贵州人民出版社，1983.

3. 侯绍庄，史继忠，翁家烈. 贵州古代民族关系史 [M]. 贵阳：贵州民族出版社，1991.

4. 杜文铎，等. 黔南识略·黔南职方纪略 [M]. 贵阳：贵州人民出版社，1992.

5. 韦贞鹏，银景生，韦胜. 仫佬山之春 [M]. 南宁：广西人民出版社，1993.

6. 耿志远，顾传菁. 中国各民族神话 [M]. 天津：新蕾出版社，1996.

7. 罗世庆. 贵州仫佬族 [M]. 贵阳：贵州民族出版社，1997.

8. 贵州省地方志编纂委员会. 贵州省志·民族志 [M]. 贵阳：贵州民族出版社，2002.

9. 陈正军. 贵州仫佬族历史文化 [M]. 贵阳：贵州民族出版社，2003.

10. 杨圣敏，丁宏. 中国民族志 [M]. 北京：中央民族大学出版社，2003.

11. 李黔滨，杨庭硕，唐文元. 贵州民族民俗概览 [M]. 贵阳：贵州人民出版社，2006.

12. 国家民委政策法规司. 少数民族风俗与禁忌 [M]. 北京：民族出版社，2007.

后记

　　贵州山川秀美，气候宜人，资源丰富，人民勤劳，风情多彩，文化灿烂。18 个世居民族，和谐相处，共建家园。《贵州世居民族文化书系》正是建立在人类学、民族学、文化学的研究成果基础上，以叙事方式为主，向世人勾勒贵州世居民族文化版图，展示贵州世居民族悠久的历史文化与和而不同的美丽生存，以全新的视角探寻各民族的文化发展轨迹，解读各民族具有鲜明特色的文化事象，诠释各民族充满神奇魅力的新形象。

　　《贵州世居民族文化书系》编委会对书系的宗旨、目标、体例和风格等进行项目论证和定位，负责确定写作大纲，并对书系的组织架构、写作要求和作者物色等进行统筹安排。

　　《仫佬行歌·仫佬族》由贵州省民族研究院进行审读，就政治倾向性和民族、宗教问题进行认真把关。本书图片得到了贵州省摄影家协会、作者以及王先宁、文朝永、吴慧娟、张旭东、罗茜、罗世庆、蒋英、潘志成的大力支持（经多方搜寻，仍有部分图片未能寻到作者，作者见书后请与出版社联系）。

　　在此，对所有为书系做出贡献的人士表示衷心的感谢！因编辑水平所限，书中难免有不尽人意之处，恳请读者批评指正，以便图书再版时予以弥补。

《贵州世居民族文化书系》编委会
2014 年 6 月